MONACO

Didier Laurens

MONACO

Un pays ensoleillé
dirigé par un prince magnifique…

HACHETTE
Littératures

Ouvrage publié sous la direction de Jean-Jérôme Bertolus

ISBN : 978-2-0123-7260-3

À mes confrères monégasques

Introduction

MONOCRATIE

Destination jet-set, Monaco fait rêver. Et il y a de quoi. La principauté, c'est d'abord une enclave princière de deux kilomètres carrés où des dizaines de milliers de touristes se rendent chaque année afin d'apercevoir le souverain ou des stars sous un soleil radieux. C'est aussi une économie de plein emploi avec l'un des revenus par habitant les plus élevés de la planète et des appartements qui se négocient fréquemment à plus de 20 000 euros le mètre carré. C'est enfin un casino et des hôtels cinq étoiles détenus par la Société des bains de mer (c'est-à-dire l'État) et où travaillent (à vie) la plupart des huit mille Monégasques. Voilà pour le côté face de cet univers glamour dont la seule évocation fait les beaux jours de la presse people.

Le côté pile de la principauté est beaucoup moins rutilant : durant douze mois, j'ai dirigé le principal hebdomadaire de Monaco avant d'être licencié, en juin 2006, pour avoir fait un journal trop impertinent aux yeux de son propriétaire. Lors de ce séjour dans la principauté, j'ai disposé d'un poste d'observation qui m'a permis de rencontrer tout le gotha local, la rue, les politiques, les syndicats et de réaliser un reportage inédit sur les coulisses du pays de Folon. Un pays où les confidences avec les décideurs s'échangent uniquement sur les téléphones mobiles moins faciles à écouter, paraît-il, que les postes fixes. Un pays bourré d'archaïsmes et où la « préférence nationale », vantée en France par les militants du Front national, s'applique de façon radicale...

En novembre 2005, lors de son intronisation, le prince Albert II a récupéré une ville-État sclérosée par les dernières années de règne autocratique de son père, Rainier III. Monaco donnait alors l'impression de sortir d'une ère de glaciation qui aurait débuté dans les années 1940 pour finir avec l'infection broncho-pulmonaire emportant Rainier III à l'âge de quatre-vingt-un ans, le 6 avril 2005. Depuis, la principauté dégèle.

Albert II a annoncé son intention de moderniser son royaume. Le veut-il vraiment ? En est-il capable ? Y parviendra-t-il ? Les inerties sont énormes dans cette monarchie où tout le monde se connaît depuis l'enfance et où les notables se tiennent par la barbichette. Ici, les révolutions de palais, même si elles sont ourdies par le prince, sont freinées par le poids de la poussière, celui des affaires, les compromis passés avec les baronnies....

Alors qu'il a la principauté en main depuis plus d'un an, les principales décisions d'Albert II, quarante-neuf ans, tiennent dans un mouchoir de poche. La première touche le foncier. Albert II a concrétisé le lancement d'un chantier pharaonique qui, comme ce fut jadis le cas à Fontvieille, permettra de gagner un nouveau quartier sur la mer. D'ici dix ans, au « Portier », surgira une gigantesque dalle de béton d'une douzaine d'hectares, sur laquelle seront construits des centaines de logements revendus 30 000 ou 40 000 euros le mètre carré, pour le plus grand profit des promoteurs.

L'autre action d'éclat du nouveau règne a été de lancer durant l'été 2006 une Fondation Albert-II destinée à défendre l'environnement qui, avec le sport, constitue la marotte favorite du prince. Pour la petite histoire, on relèvera qu'afin d'alimenter sa fondation, le jeune souverain, milliardaire, aurait pu piocher dans sa cassette. Il a préféré demander aux parlementaires de voter une ligne budgétaire de 10 millions d'euros. Ce qu'ils ont fait. Puis, il a ajouté un petit million de sa poche...

Ces deux décisions constituent les prémices d'un règne qui s'annonce compliqué. Car si l'extension sur la mer et la défense de l'environnement « font » l'image de marque de ce petit royaume, elles en estompent aussi l'envers du décor et masquent tous ses anachronismes : la principauté, malgré quelques gages fournis à l'Europe, notamment en matière de liberté de la presse et des droits de l'homme, reste à des encablures du modèle de gouvernance des grandes démocraties modernes. Ce n'est pas une démocratie. C'est une monocratie. Le pouvoir politique y est confisqué par le palais et par les Monégasques « de sang » qui, bien qu'ils soient ultraminoritaires dans ce pays de trente-deux mille habitants, imposent sans partage leur volonté au reste de la population. L'entrée de Monaco au Conseil de l'Europe ne doit pas faire illusion. Ici la discrimination est de règle. Les « nationaux » forment une caste de « parfaits » à qui sont réservées la représentativité parlementaire et la richesse nationale. Jalouse de ses privilèges, avide, hantée par la volonté d'en avoir toujours plus, cette caste ne partage rien alors qu'elle possède tout. Les autres, les résidents étrangers et les « enfants du pays », c'est-à-dire les étrangers (Français, Italiens…) dont la famille est installée dans la principauté depuis des générations mais qui n'ont pas la nationalité monégasque, n'ont droit à rien. Ils constituent des sujets de second rang, de la gueusaille. Tout comme ces milliers de frontaliers qui viennent faire tourner la machine économique de la principauté avant de repartir, chaque soir, vers leurs pays d'origine.

Monaco restera une démocratie d'opérette. En atteste le refus du prince de répondre aux préconisations du Conseil de l'Europe l'invitant à transformer le royaume en monarchie parlementaire. Le souverain l'a encore rappelé lors d'une intervention devant le Conseil national (Parlement) monégasque en juin 2006 : « J'entends quelquefois, ici ou là, évoquer, parfois implicitement, l'éventualité d'un changement de régime politique ou constitutionnel. Il ne saurait en être question. Et les réformes engagées, dans le cadre européen en particulier, ne peuvent et ne pourront tenir lieu de prétexte à une atteinte aux fondements mêmes de la principauté, pas plus qu'à un quelconque renoncement à notre identité profonde. » Aucune chance, donc, de voir la Constitution de 1962 (révisée en 2002) évoluer vers un régime parlementaire. La monarchie héréditaire constitutionnelle restera de mise à Monaco où le pouvoir est détenu par un « heaume », et un seul : le prince. Celui-ci s'est révélé très versatile : peu après son intronisation, il a fait venir de Paris un de ses amis d'enfance, Jean-Luc Allavena, numéro deux de Lagardère Media, pour constituer sa cellule de décision rapprochée, son cabinet. De bonne source, on indique que le torchon s'est mis à brûler entre les deux hommes durant l'été 2006, ce qui a abouti au départ d'Allavena, en octobre dernier, après un peu plus de douze mois passés sur le Rocher. La date de ce licenciement est tout un symbole

puisqu'il est intervenu quelques jours avant la commé-
moration de la première année de pouvoir du prince,
cérémonial auquel l'ex-directeur de cabinet n'a pas été
convié. Autre symbole : courant 2006, TMC Monte
Carlo avait réalisé un documentaire sur le palais dans
lequel Jean-Luc Allavena était interviewé. Lorsqu'elle a
décidé de rediffuser ce film après l'avoir raccourci, la
chaîne a envisagé de trapper son interview comme s'il
s'agissait d'effacer les traces officielles de son passage en
principauté ! Tout laisse à penser que l'homme a été
débarqué brutalement bien qu'il s'en défende, certains
affirmant même qu'il n'a disposé que d'une demi-
journée pour empaqueter ses affaires…

Douze mois en poste tandis que le précédent directeur du cabinet princier était resté aux commandes
durant des dizaines d'années… Il est étonnant que le
palais, que l'on dit au-dessus des affres du temps, soit en
état de révolution permanente alors que la principauté a
besoin de maintenir un cap clair pour se moderniser.
Certains y voient une marque de faiblesse du prince,
lequel manquerait cruellement de constance et serait
incapable de choisir entre les différents camps qui, dans
les coulisses, se disputent le pouvoir. Cette hypothèse est
plausible.

Le Monaco dont les gazettes ne parlent pas, ce sont
de formidables anachronismes et une totale absence de
rigueur dans les prises de décision. Durant mon séjour,

j'ai vu évoluer une société où tout est construit de bric et de broc, avec les moyens du bord, bien que le pays regorge de richesses. L'absence de rigueur, on la trouve, par exemple, dans la gestion de l'appareil d'État où Monaco recycle ses « fils » quand ils sont plus enclins à jouer avec des trombones qu'avec des concepts. Périodiquement stigmatisée par les parlementaires, cette fonction publique était jusqu'à une date récente incapable de modéliser l'économie monégasque et de calculer un PIB, Monaco se contentant d'annoncer un chiffre d'affaires de 10 milliards d'euros pour exprimer sa richesse nationale !

Au quotidien, l'administration monégasque tourne en rond, alterne entre décisions et contre-décisions et ne fournit aucune élite. Aussi, bien que, depuis 2005, à la suite d'un accord négocié avec la France, le pays ait le droit de nommer des « nationaux » aux plus hautes responsabilités de l'État, il n'a personne à promouvoir. L'indépendance de Monaco s'apparente d'ailleurs plus à de la liberté surveillée qu'à de la liberté tout court. Car la France, qui finance l'État monégasque en lui reversant une partie de ses recettes de TVA, tient la principauté bien en main même si, pour la forme, Jacques Chirac a concédé davantage de latitude au prince Albert II. Police, politique, justice, finances, la plupart des postes clés de la principauté sont tenus par des Français et ils le resteront faute de relève locale. La preuve : peu avant l'été 2006, le gouvernement monégasque a été remanié. Durant des semaines, l'exécutif a cherché un remplaçant au conseiller aux Finances, remercié à la suite d'une retentissante affaire foncière. Faute de mieux, les pouvoirs publics ont finalement dû se résoudre à organiser un jeu de chaises musicales pour réaffecter le maroquin des Finances à Gilles Tonelli, l'ancien conseiller aux Travaux publics, pourtant réputé psychorigide... Alors que Frank Biancheri, l'ex-conseiller aux Finances, remercié, était finalement nommé président de la chambre de développement économique après avoir été blanchi par un autre ministre chargé d'enquêter sur sa probité !

L'absence de rigueur se trouve également dans le manque de normes architecturales. Ceux qui se rendent à Monaco avec l'idée d'y voir une cité aux proportions harmonieuses seront déçus. La principauté est couverte de bâtiments disparates qui n'ont en commun que la laideur. Les bords de mer synthétisent ce que le goût architectural des années 1970 a pu créer de pire. Des tours de grande hauteur aux immeubles de vingt étages en béton gris, sans oublier une usine d'incinération placée au centre-ville : tout y est.

Absence de rigueur également dans la gestion de l'information : la communication officielle de Monaco est canalisée par un « centre de presse », une instance bureaucratique, administrative, anachronique, coiffant aussi la télé câblée locale, ce qui en dit long sur l'indépendance des programmes. Ce centre de presse a pour mission d'inonder les médias de communiqués lénifiants et il se fait communiquer les questions que les journalistes veulent poser aux membres du gouvernement. Quant à son directeur, François Chantrait, un ancien journaliste, il n'a pas hésité à me téléphoner à plusieurs reprises pour m'informer que tel ou tel édito avait déplu à Jean-Paul Proust, le ministre d'État !

Sur un plan sociétal, Monaco est un État concordataire où l'avortement est interdit, et où le clergé frappe du poing sur la table dès lors que l'intérêt de l'Église est menacé. Dans ce régime ultralibéral, la législation sociale – il n'y a pas de Code du travail ! – en est encore à l'âge de la pierre. Bien sûr, le prince s'est physiquement associé à l'hommage posthume rendu, en février 2006, à Charles Soccal, secrétaire général et président de l'Union des syndicats de Monaco (USM) de 1946 à 1995. Mais concrètement, les chefs d'entreprise règnent sans partage. La législation permet par exemple de multiplier les CDD à l'infini, un peu comme si les salariés monégasques étaient condamnés à un CPE à vie ! Actuellement, environ 7 % des salariés locaux sont des intérimaires et le droit autorise les chefs d'entreprise à licencier un salarié – j'en ai fait l'expérience – sans avoir à motiver leur décision. Un avis du Conseil économique et social monégasque a bien préconisé la fin de cette disposition moyenâgeuse. Elle sera, peut-être, supprimée en 2007.

Toujours au volet social, malgré la demande du Conseil de l'Europe, Monaco n'a pas encore ratifié la Charte sociale de l'Union européenne, le code de bonne conduite que les pays membres doivent respecter. En attendant une hypothétique ratification, le choix des articles, fait à la carte, directement par le palais, sans consulter les syndicats, prévoit d'éliminer toutes les dispositions pouvant nuire au patronat local. Naturellement, la CGT monégasque a hurlé, mais sans aucun effet : en principauté, les négociations sociales ont été interrompues durant des années. La simple réunion, en 2005, du patronat et des représentants des salariés autour d'une même table a été perçue comme une prouesse et le fait qu'ils se soient quittés en claquant la porte comme le début d'une reprise du dialogue social...

Monaco, ce sont aussi des milliards de capitaux qui viennent se nicher dans les coffres d'une quarantaine de banques monégasques pour des raisons fiscales. Nous ne sommes plus à l'époque du rapport Peillon-Montebourg qui cataloguait la principauté comme un lieu « propice » au blanchiment de capitaux. En l'an 2000, le député de Saône-et-Loire rédigeait un rapport explosif dans lequel il décrivait Monaco comme une formidable lessiveuse fiscale. Sa publication a incité la principauté à multiplier les contrôles. Depuis, elle collabore avec les instances internationales chargées de traquer l'argent sale, ce qui a débouché sur plusieurs centaines de « déclarations de soupçons ». Mais, malgré ce changement de cap, le système monégasque est schizophrène. Il laisse les capitaux en provenance d'Europe de l'Est s'investir dans la pierre sans se montrer trop sourcilleux sur l'origine des fonds et veille à ce que son secret bancaire reste inviolable.

La principauté, c'est « Cashland », la patrie de la « maille » : selon *Monaco Hebdo*, la Société des bains de mer, une société cotée à la Bourse de Paris dont l'État monégasque détient 70 % du capital, verse à ses salariés une partie de leur rémunération au black. Jusqu'au mois de mars 2006, les députés touchaient leurs indemnités parlementaires en liquide ! Et, alors que des artifices comptables permettent aux entreprises de ne déclarer pratiquement aucun bénéfice, leurs « administrateurs » peuvent toucher des millions d'euros en cash grâce à leurs jetons de présence. Le produit de ces indemnités peut avoir plusieurs destinations dont la fraude fiscale quand il est par exemple retiré par un prête-nom opérant pour le compte d'un tiers. Il peut aussi être utilisé pour financer le travail au noir. Dans le BTP, le black sert notamment à payer une partie des heures supplémentaires effectuées sur les chantiers, idem dans la restauration, les magasins, les services à la personne... Pas dupe, l'inspection du travail monégasque suit ce manège car ces rémunérations occultes échappent aux prélèvements sociaux. Mais elle ferme aussi les yeux... Pourquoi faire du zèle ? Lorsqu'ils vous invitent à déjeuner, les parlementaires monégasques qui, pour certains, sont administrateurs de plusieurs sociétés, règlent l'addition en sortant de grosses coupures de leur poche. Tout un programme !

Chapitre 1

LES COULISSES DU PALAIS

À Monaco, pour un journaliste, la consécration, c'est d'interviewer le prince Albert II. Le service de presse du palais est assailli par des demandes en provenance du monde entier. Plusieurs dizaines par jour, preuve s'il en était besoin que les deux kilomètres carrés de la principauté sont toujours un sujet people. Jusqu'en octobre 2006, date à laquelle il a été débarqué, ces demandes étaient filtrées par Jean-Luc Allavena, quarante-trois ans, ex-directeur du cabinet princier et ex-directeur général adjoint du groupe Lagardère Media où, d'après *Le Nouvel Observateur*, on le surnommait « couilles molles ».

À Monaco, une interview du prince Albert II se mérite grâce à une prosopopée vertueuse. Bien que membre du Conseil de l'Europe depuis 2004, la principauté reste une démocratie attentive à ce que l'on publie sur elle. Les carabiniers du palais et les coursiers envoyés par le gouvernement passent dans les rédactions pour prendre des exemplaires des journaux vingt-quatre heures avant leur diffusion, officiellement, pour constituer une revue de presse diffusée aux *happy few* du régime. Mais aussi pour être certains que les journaux sonnent juste, avant leur mise en vente. Gare aux dérapages !

Ainsi, alors que ma demande d'interview suivait son cours, j'ai rédigé un édito qui commençait par la phrase suivante : « Que fait le prince ? » Cette introduction renvoyait simplement au fait que la nomination de Jean-Luc Allavena, annoncée par tout le monde et confirmée en « off » par le principal intéressé, tardait à s'officialiser. J'ai donc écrit « Que fait le prince ? » pour signifier mon impatience, de la même manière que j'aurais écrit « Que fait Chirac ? » en France. Erreur funeste ! Dès le lendemain, de nombreux coups de fil me signifiaient que l'expression était inconvenante. Sans m'en rendre compte, l'encre de ma carte de travail monégasque encore humide, j'avais franchi la ligne jaune, infraction préjudiciable dans un pays où la moindre invective contre un des personnages de la famille princière peut valoir des mois de prison. En effet, me confièrent des proches du régime, la question « Que fait le prince ? » est cavalière. Non seulement parce qu'elle insinue que le prince hésite sur la décision à prendre, ou parce qu'elle subodore qu'il doute, mais tout simplement parce que le prince est en droit de « faire ce qu'il veut quand il veut ». Toute la différence est là. C'est une affaire de préséance. Un roturier agit en fonction d'une chaîne de causalité alors que l'héritier des Grimaldi fixe le début et la fin de ce rapport de concaténation selon la chronologie qui lui convient. Il entretient le même rapport au temps que les bénédictins.

Par acquit de conscience, je passai un coup de fil au palais le lendemain. À la fois pour savoir si les rumeurs me taxant de goujaterie étaient fondées, et pour vérifier si elles allaient plomber mon projet d'entretien. « Le prince a lu attentivement vos propos, me confirma Armand Déüs, ancien journaliste, promu attaché de presse du palais sous l'ère du prince Rainier et resté en poste sous le règne d'Albert II jusqu'à l'automne 2006, date à laquelle il fut remercié sans ménagement. Didier, vous êtes à Monaco depuis peu de temps, mais sachez que le prince n'aime pas qu'on lui dicte sa conduite. Il faudra vous en souvenir, si vous ne voulez pas devenir tricard. »

Un malheur n'arrive jamais seul : le titre de mon édito, toujours le même, était un clin d'œil à la pièce de Beckett : *En attendant Godot*. Propos insuffisamment explicites : Armand Déüs, un rien ironique, m'informa qu'en lisant le titre de cet édito, le prince avait téléphoné à son conseil parisien pour lui demander *(sic)* « qui était

ce Godot, dont on annonçait l'arrivée ». La réponse lui
avait déplu.

Une à deux semaines passèrent. Et la nouvelle tant
attendue arriva. Godot pointa le bout de son nez.
Jean-Luc Allavena fut nommé directeur du cabinet princier. Peu de temps après, il constituait « son » cabinet. Si
l'on fait exception de Christiane Stahl, conseillère en
communication placée à Monaco par Jacques Chirac et
« déplacée » quelques mois après sa prise de fonction, les
membres du cabinet princier se caractérisaient par leur
carrure. Rien d'extraordinaire, bien sûr, à l'échelle de la
planète. Mais beaucoup à celle de la principauté où la
plupart des huit mille Monégasques sont voués à la
profession de croupier ou de fonctionnaire. À cette aune,
le cabinet Allavena ratissait haut. On y trouvait même
un niveau de compétence supérieur à celui du gouvernement, l'autre strate de décision monégasque puisque le
prince dispose à la fois d'un cabinet – sa cellule de décision rapprochée – et d'un gouvernement dont il nomme
officiellement tous les membres même si certains,
comme Jean-Paul Proust, ancien préfet de Paris, ou
encore Paul Masseron, conseiller de gouvernement pour
l'Intérieur, sont recommandés par l'Élysée. De là, je
me demandais dans un nouvel édito mettant en avant un
risque de dyarchie si les véritables instances de décision
n'allaient pas changer de niveau.

Ce texte fut perçu comme une nouvelle bévue.

— Le prince, m'informa Armand Déüs, est assez courroucé. Vous voyez une concurrence entre ces deux instances alors qu'il y a une vraie complémentarité.

Silence.

— Peut-être, Armand, rétorquai-je. Mais tout de même, tant de matière grise au palais, c'est nouveau, non ?

— Concorde et harmonie, vous dis-je, concorde et harmonie...

Silence. Puis :

— Gare, Laurens. Je vous l'ai déjà dit. Un coup de fil du palais et vous êtes transformé en mouton noir.

Nouveau silence.

— Désolé, Armand... Et pour mon interview ?

— Dans ces conditions, vous comprendrez que le prince ne souhaite pas donner suite...

Je ne saurai jamais si c'est Armand Déüs ou le prince qui en décida ainsi, mais toujours est-il que, quarante-huit heures plus tard, je recevais un courrier officiel, à en-tête du palais, m'informant que le projet d'interview était refusé. Rideau.

« Monseigneur »

Grâce au ciel, les circonstances me permirent d'entrer en contact avec Jean-Luc Allavena quelques jours plus tard. Lequel me réserva un accueil courtois, admit que mon côté parisien rendait mes maladresses plaidables, ce qui me permit de revenir à la charge : « Jean-Luc, insistai-je, je suis absolument désolé de mes petites bévues, n'y voyez aucune malveillance, juste un peu de gaucherie... Mais voilà, *Monaco Hebdo*, premier hebdo de la principauté, va sortir son numéro 500 et je serais vraiment heureux de marquer le coup avec une interview du prince, une interview fondatrice, comme celle du 12 juillet 2005... » Ancien professionnel de la presse, « Jean-Luc » fut sensible à l'événement. Cinq cents numéros, c'est un cap. Hommage lui soit rendu, il me fit une promesse qu'il a tenue. Je décrochai l'interview avec Albert II. Rendez-vous fut pris un lundi matin, à 10 heures, pour rencontrer le prince.

Sur place, je retrouve un photographe, ignorant qu'il allait vivre un des moments les plus difficiles de sa carrière. Vers 9 h 45, nous gagnons le palais. Monaco est une ville à étages dominée par le Rocher, une grande protubérance qui domine la basse ville, située en bord de mer. Sur ce Rocher, on trouve tous les symboles de la démocratie monégasque : la vaste résidence de Jean-Paul Proust, qui repose près d'une cave taillée dans la masse et où sommeillent des milliers de grands crus parmi lesquels l'ancien préfet de Paris fait des prélèvements éclairés ; le Parlement monégasque où les vingt-quatre conseillers nationaux – les députés – viennent siéger dans un hémicycle aux proportions de brasserie ; et le palais de justice où l'on a récemment condamné à trois mois de prison ferme un homme qui avait lancé quelques invectives à la princesse Stéphanie.

Contrairement au reste de Monaco, le Rocher garde une architecture méditerranéenne traditionnelle. Bien sûr, les bulldozers vont entrer en action pour édifier un nouveau Conseil national ultramoderne qui va satisfaire l'ego des parlementaires et défigurer les lieux. Mais, pour l'heure, les rues étroites, flanquées de vieux immeubles, ont été préservées, ce qui est exceptionnel dans un pays où le béton coule à flots.

Il faut cheminer à travers ces ruelles pour trouver la place du Palais, là où séjourne le prince Albert II quand il n'est pas en voyage, fait de plus en plus rare. La place du Palais est l'un des hauts lieux du tourisme monégasque. Le monarque ne s'y trompe pas : il y posséderait Souvenirs Shop, une boutique pour touristes où l'on écoule des objets de pacotille et qui lui rapporterait des dizaines de milliers d'euros par an. De quoi arrondir une fortune estimée au bas mot à 2 milliards d'euros par le magazine américain *Fortune*. Quand on arrive sur la place du Palais, le regard porte tout de suite sur le mur d'enceinte du bastion des Grimaldi. Des fondations au sommet, ces hauts murs, crénelés pour la forme, donnent l'impression d'être en toc. C'est en 1215 que le premier château a été édifié au sommet du Rocher. Mais, depuis, des siècles de construction et de reconstruction se sont succédé et l'édifice va à nouveau être agrandi de 3 200 mètres carrés dans les mois qui viennent. En arrivant devant le palais, je pensais trouver un château où dormiraient de vieilles armures. J'ai découvert une vaste bâtisse dont le périmètre fait penser à celui d'un fortin devant lequel déambulent des soldats au casque rond tout droit sortis d'un film colonial.

Nous nous présentons à l'entrée du palais. Crânement, j'annonce : « Nous avons rendez-vous avec le prince. » « Par ici... » Nous passons à travers la muraille. Bref coup d'œil circulaire. L'intérieur ressemble à l'extérieur de la bâtisse. Tout cela fait très XIXᵉ. Sur la gauche, on aperçoit la cour d'honneur aux arcades peintes où des concerts sont organisés durant l'été.

Le garde nous escorte jusqu'à une guitoune que nous franchissons sous le salut protocolaire du planton de service. Direction la conciergerie où l'appariteur nous informe qu'il faut attendre.

Ce qu'il y a d'extraordinaire, pour un Français, c'est d'être arrivé là sans avoir passé le moindre contrôle de sécurité. Car Monaco, et c'est un bonheur de chaque jour, est un État où la confiance règne. Truffée de caméras, la principauté ne connaît qu'une délinquance anecdotique. En 2006, on n'y a recensé que l'assassinat d'un vieux monsieur tué, il est vrai, à coups de tabouret. Mais le coupable a été identifié en moins de quinze jours malgré les tâtonnements de la police locale qui avait maculé involontairement la scène du crime… Quant aux parages du palais princier, ils sont réputés pour être l'un des endroits les plus sûrs au monde. L'accès au palais est digne de cette délinquance zéro. Pas de portillon de sécurité. Pas de vérification de papiers. Vous dites au garde qui vous êtes et il vous croit. C'est aussi simple que ça.

La conciergerie, le sas où l'on parque les visiteurs, dont les touristes qui viennent acheter des médailles, a été refait il y a une dizaine d'années. C'est une petite pièce minable couverte de rayonnages où l'on trouve de la littérature institutionnelle et quelques gravures sur les murs. La première fois que j'ai séjourné dans ce sas, c'était avant de rencontrer Armand Déüs, peu après mon arrivée. Au centre de la pièce, j'ai vu un sac Hermès d'une taille prodigieuse, bourré jusqu'à la gueule de boîtes orange du célèbre maroquinier. Au volume, il y en avait au moins pour 10 000 euros. L'appariteur m'a appris qu'il s'agissait d'un des cadeaux que ses sujets envoyaient au prince souverain pour son avènement. Des tonnes de présents transitent ici durant toute l'année. Civilités, servilité… Un jour, le promoteur auquel appartenait le journal pour lequel je travaillais m'a avoué qu'il avait envoyé au prince deux éléphants en argent d'une valeur de 4 000 euros. Nul ne sait ce que deviennent tous ces cadeaux. Les caves du palais sont immenses.

10 h 15. Nous sommes toujours à la conciergerie quand surgit un homme de belle allure, cintré dans un

des complets croisés bleus qu'il affectionne. C'est Jean-Luc Allavena. Jusqu'à présent nous avons conversé par téléphone mais je le reconnais, d'après photo, au moment où il me serre la main. Je le remercie pour son intercession et il élude en annonçant : « Vous allez être content, je crois que le prince va vous dire des choses intéressantes. Ce n'est pas une interview pour la forme... » Ce côté hâbleur, c'est tout Jean-Luc Allavena. Son passé d'étudiant modèle à HEC, dont il préside maintenant la Fondation, en fait un vendeur-né. La preuve, je suis confiant : « Super, Jean-Luc, super... » Pressé, il s'en va en précisant que le prince aura certaine-ment un peu de retard. C'est le cas. Nous patientons une bonne demi-heure quand un appariteur vient nous cher-cher. Je n'ai jamais su à quel corps il appartenait, mais il a le buste couvert de médailles comme un général sovié-tique de la belle époque. Il nous emmène à travers une cour, puis dans un ascenseur minuscule que nous quittons pour grimper un escalier débouchant dans le bureau de la secrétaire du prince, une femme d'âge mûr. Elle nous observe sans aménité excessive. Face à nous, une porte à double battant, fermée, qui doit mener au bureau de Dieu le fils. Il faudra encore attendre une bonne dizaine de minutes en compagnie d'Armand Déüs, peu disert, pour que ces portes s'ouvrent. En grand. Et là, c'est comme au théâtre, le prince apparaît. Complet sombre, cravate à motifs animaliers, fines lunettes à monture métallique, il nous accueille avec un large sourire et nous serre la main en s'excusant :

— Pardon de vous avoir fait attendre mais j'étais au téléphone avec ma sœur Stéphanie pour lui souhaiter son anniversaire…

— Monseigneur, c'est un grand honneur de vous rencontrer…

Son bureau est une pièce de taille modeste aux murs et à la moquette brun clair. Elle fut jadis occupée par la princesse Grace dont Albert, ce n'est un secret pour personne, se sentait plus proche que de son père. Quand il s'exprime en anglais, il n'a d'ailleurs pas trop de problème d'élocution alors qu'il bégaie parfois en parlant français.

— Monseigneur, comment souhaitez-vous que nous nous disposions ?

Il me regarde en souriant, rigolard, et me désigne un recoin de la pièce :

— Monsieur Laurens, vous allez vous mettre au piquet, là-bas, sans bouger.

Ambiance. Je souris alors qu'il s'assied sur un fauteuil en cuir. Ces sièges, du faux Chesterfield, un peu décolorés, sont à l'image de la décoration intérieure du palais. Pas le moindre mobilier d'apparat. On dirait que les meubles ont été choisis par une ménagère dans les années 1970. Depuis, rien n'a bougé.

La pièce est remplie de bibelots. Il y en a partout. Sur la cheminée en marbre blanc on trouve une collection de sulfures à côté d'un portrait en noir et blanc de la princesse Grace dans un cadre en argent travaillé. La table basse, à deux niveaux, est couverte de petites sculptures animalières et d'une sorte de cactus séché placé dans une boîte en verre. Même le radiateur est surchargé avec la reproduction d'un diplodocus en fonte noire. Des fleurs, aussi. Des fausses, dans un énorme vase placé près de la fenêtre, des vraies dans l'âtre de la cheminée, par terre…

Le prince me scrute.

— Je suis lecteur de *Monaco Hebdo*, vous savez, me dit-il sur un ton badin. J'aime bien. Mais, évitez de passer trop de ragots dans vos colonnes.

C'est une allusion à une campagne de publicité sur les flancs de bus que j'ai axée sur le thème suivant : « Tout ce qui se murmure à Monaco est dans *Monaco Hebdo*. » Il me sourit et ajoute :

— Monaco est la patrie des rumeurs, un sport national, surtout ne croyez pas tout ce que l'on vous raconte.

Malgré mes quarante-neuf ans, j'ai l'impression qu'il me prend pour un débutant. J'acquiesce et saisis le questionnaire :

— Nous avons beaucoup travaillé les questions avec Christiane Stahl, dis-je pour changer de sujet. Nous les avons un peu intellectualisées.

Il me regarde en souriant franchement, ironique :

— Ah, j'ignorais que l'on pouvait intellectualiser des questions !

Hihihi… C'est Armand Déüs, assis dans un coin de la pièce, un bloc-notes sur les genoux, qui se met à rire.

Je pose ma première question. Jean-Luc Allavena m'a expliqué que les trois domaines de compétences dans lesquels il tente d'installer le prince sont les relations internationales, la protection de l'environnement et le sport. Logiquement, je commence par l'international :

— Monseigneur, vous voyagez beaucoup. Quelle est la cohérence de tous vos déplacements ?

C'est un peu comme si je l'avais giflé. J'assiste à une étonnante métamorphose. Le prince mue. Il pose les mains sur les accoudoirs de son fauteuil. Il plaisantait, il devient austère. Il était rose, il blêmit. On dirait un personnage du musée Grévin. Son visage prend une expression studieuse, un peu crédule. Il fixe ses chaussures et, après quelques secondes, répond à ma question en cherchant ses mots :

— Sachez que je peux heureusement me permettre de voyager par mes propres moyens… Mais ce n'est pas la question, bien sûr… La cohérence de mes déplacements, disiez-vous…

Commence alors une longue valse-hésitation sur tous les thèmes que nous abordons. Contrairement à ce que nous avait assuré Jean-Luc Allavena, le prince ne nous dit rien. J'ai l'impression que mes questions l'ennuient. Et qu'il fait tout pour trouver des réponses consensuelles comme s'il s'entraînait à parler pour ne rien dire. Un grand potache. Parfois, il pince les lèvres et avance la main pour souligner une expression. Il fait penser à un acteur qui cherche son texte. Il récite. On dirait qu'il court après ses neurones. Et toujours cette propension à regarder ses chaussures !

Le photographe est déconfit. Il ne parvient pas à faire une série de photos en attrapant le regard du prince. Il shoote un adolescent tardif avec un rien de bedaine qui s'efforce de parler comme un chef d'État en zieutant la moquette.

Éventuelle modification constitutionnelle, qu'il refuse, monarchie parlementaire, qu'il rejette, modernisation de l'administration monégasque, qu'il recommande, construction d'un nouveau quartier gagné sur la mer, qu'il confirme, transparence financière, qu'il appelle de ses vœux : tous les sujets d'actualité monégasques sont passés en revue. Tous sont traités avec une langue de bois ponctuée par quelques bégaiements. Ce manège dure près d'une heure, quand arrive la délivrance : Milena Radoman, rédactrice en chef adjointe de *Monaco Hebdo*, lui pose une question sur le sport et son visage s'éclaire. Avec un grand sourire, il nous annonce qu'il restera membre du Comité international olympique. Ce point d'ancrage métaphysique le rend soudain disert. Il se redresse. Nous regarde. Vive le sport ! Le photographe peut enfin prendre quelques clichés.

Si, selon Jean-Luc Allavena, le prince a trois domaines de légitimité, c'est bien le sport qui tient la corde. Pour le reste, c'est la jachère. Mais Albert II a des excuses. Durant ses études, il n'a jamais brillé. Jusqu'à la mort de Rainier, il a été relégué à des fonctions subalternes, dont trois olympiades en bobsleigh et de nombreuses amours, selon la légende locale, intarissable à ce sujet. Sa grande spécialité, c'était aussi les pince-fesses et les inaugurations. Un vrai prince-ciseau, coupant tous les rubans. Cette fonction, il l'affectionne. Peu après mon arrivée en principauté, j'ai été convié à l'inauguration d'un restaurant monégasque, la Bodega. Le prince était là, très à l'aise, un verre à la main, félicitant les restaurateurs, des amis à lui.

Une dernière question, sur l'environnement. Il nous donne le détail de son expédition en traîneau à chiens, dans le pôle Nord, afin de rendre hommage à son trisaïeul le prince Albert Ier et d'attirer l'opinion internationale sur le réchauffement de la planète. C'est comme cela qu'il lutte pour la protection de l'écosystème. En voyageant, à traîneau, dans des vêtements Nike taillés sur mesure. Pour se lancer dans l'aventure, il lui fallut du courage puisque quelques jours auparavant on lui avait enlevé un kyste situé dans la région de l'épaule.

Poignée de main. L'interview est terminée. Il nous sourit gentiment. Je crois que je l'aime bien.

Influences

Albert II a besoin de conseillers pour l'aider à gouverner. Lesquels font périodiquement savoir qu'ils sont « principistes », c'est-à-dire complètement dévoués au principe de gouvernement incarné par le souverain. Cette dévotion tourne parfois à la caricature. Un matin, je me souviens avoir demandé à Stéphane Valeri, président du Conseil national, comment il allait. Il me rétorqua qu'il « se portait à merveille dans un pays ensoleillé et dirigé par un prince magnifique ». Quand quelqu'un vous fait une réponse comme celle-là, on se demande s'il se paie votre tête. Celle de Stéphane Valeri, couronnée par une tignasse de cheveux synthétiques si épaisse qu'elle ne bouge pas, même lors des jours de grand vent, exprimait une totale impression de sérieux.

Même dans l'intimité, les critiques portées contre le souverain sont rares. C'est à la fois une affaire de conviction et de prudence. Car pour avoir vécu sous la botte d'un Rainier qui, dit-on, s'est toujours montré impitoyable avec ses ennemis, les Monégasques savent que certains sujets ne s'abordent que *mezza voce*. Dès lors qu'il s'agit de faire des confidences, ils vous demandent d'utiliser un téléphone mobile. Bizarrement, alors que tout le monde sait que les portables n'offrent aucune garantie contre le flicage, les Monégasques sont persuadés du contraire. Ce « syndrome du mobile » touche jusqu'aux personnes gravitant dans l'entourage immédiat du prince – un comble. Tout le monde est convaincu que les lignes filaires sont auscultées mais qu'il est impossible de sonder les cellulaires, faute de technologie adéquate. Vrai ou faux ? J'ai posé la question à Philippe Deslandes, un Français qui occupa le poste de ministre de l'Intérieur et qui, depuis, a été promu préfet hors classe de la région Champagne-Ardenne. Je me rappelle encore son sourire entendu quand il me répondit que la technologie monégasque permettait de mener à bien tous les types d'indiscrétions. Bien sûr, cet homme complexe, formé chez les jésuites, grand amateur d'opéra, de scotch et de littérature, m'a peut-être menti pour que je répercute cette information. Mais son sourire en coin laissait entendre que tout est possible dans une principauté où, il n'y a pas si longtemps, le chef de la sécurité disposait chaque matin d'un rapport l'informant des mouvements d'édredon qui s'étaient opérés durant la nuit...

Si on fait exception d'hommes qui, comme Bernard Fautrier, en charge de la Fondation Albert-II dédiée à l'environnement, voient le prince pour l'entretenir sur sa marotte écologique ou de Thierry Lacoste, administrateur de la SBM et avocat parisien qui a notamment réglé les dossiers de Jazmin et d'Alexandre, ses enfants naturels, trois personnes, outre ses sœurs, ont l'oreille du prince. Par ordre décroissant, Jean-Luc Allavena, son chef de cabinet, a longtemps tenu la pole position. Suivi par Jean-Paul Proust, ministre d'État, arrivé en principauté peu avant la mort de Rainier pour remplacer Patrick Leclercq, ancien diplomate tombé en disgrâce. Puis, dans une moindre mesure, Stéphane Valeri, président du Conseil national. Sous des dehors policés, ces trois hommes se sont livré une lutte à mort dont l'épilogue a eu lieu en octobre 2006 avec l'annonce officielle du départ de Jean-Luc Allavena, départ habillé, comme il se doit, avec quelques trémolos hypocrites.

Dommage. Durant mon séjour dans la principauté, j'ai eu l'occasion de me frotter régulièrement à ces trois féodaux. Du lot, c'est certainement Jean-Luc Allavena qui donnait l'impression d'offrir le plus grand potentiel. Gros bosseur – il tenait d'ailleurs à ce que cela se sache –, baratineur, quelques jours avant son éviction il répondait à un de mes e-mails en affirmant que l'hypothèse de son départ relevait du « n'importe quoi » –, ce quadragénaire fait partie des amis d'enfance du prince. Il connaît bien Monaco où il passa son bac. Pour la principauté, Allavena avait un profil atypique. Arrivant du privé qu'il a abandonné, dit-on, avec quelques couteaux plantés dans le dos, il prit Monaco à bras-le-corps afin de moderniser le pays. « Je veux diriger Monaco comme une entreprise », confiait-il en privé.

L'homme ne quittait jamais son BlackBerry, un agenda électronique qui permet de recevoir ses e-mails en direct, et travaillait régulièrement jusqu'à 2 ou 3 heures du matin. Il arrivait que l'on trouve, au petit jour, des e-mails qu'il avait expédiés au milieu de la nuit comme de petits coups de trompe. Un jour que je lui demandais si ce rythme n'était pas fatigant, il me répondit que la nature lui avait accordé la chance de dormir beaucoup à certains moments et très peu à d'autres. À en juger par sa face livide et ses yeux un peu pochés, les périodes de « très peu » devaient l'emporter sur les autres.

Arrivant d'un groupe de médias parisien, Jean-Luc Allavena avait dû faire pas mal de concessions en termes d'environnement professionnel. À Paris, il occupait un bureau spacieux avec un certain décorum. À Monaco, il était relégué dans une petite pièce sombre. Sans esprit, ce bureau, minable, était à l'image du palais : étroit. Allavena n'en était d'ailleurs pas fier. Un matin, tandis que je l'interviewais à titre informel, il a même refusé d'y être pris en photo. Alors que je regardais les croûtes et les gravures décorant les murs, il s'est mis à rire : « Vous savez, je garde tout cela afin de m'imprégner de l'atmosphère du palais : elle n'a pas bougé depuis les années 1950. »

Dans ce palais, où la férule de Rainier a figé jusqu'aux poussières en suspension dans l'air, Jean-Luc Allavena était attendu avec un bazooka. Ce bazooka n'a jamais arrêté de tirer. À son surnom parisien de « couilles molles », les Monégasques lui ont préféré celui d'« Albert III », en hommage à son mode de gestion, paraît-il, autoritaire. Rien de plus banal que cette médisance : la plupart des Monégasques se détestent depuis l'enfance et ne cessent de ragoter les uns sur les autres, comme les membres d'une grande famille consanguine qui auraient vécu dans une intimité trop forte. Impossible, donc, de participer à un dîner en ville où l'on ne cassait pas de sucre sur le dos de Jean-Luc Allavena.

Pour des raisons tactiques, Jean-Paul Proust brocardait un peu le conseiller du prince. À soixante-sept ans, cet ancien préfet de Paris a réussi son parachutage. A priori, quand il arriva de Paris avec ses chemises brodées à col italien, sa femme et ses deux chats, la prise ne semblait pas évidente. Mais l'homme, qui fut chef du cabinet de Jean-Pierre Chevènement, a du métier, une nature matoise qui le rend miscible avec les Monégasques. Et puis, tout le monde a intérêt à ce qu'il tienne la boutique durant un certain temps. Car si la renégociation des accords de gouvernance entre Monaco et Paris donne au prince, depuis 2005, la possibilité de nommer un Premier ministre monégasque, nul n'est assez qualifié pour prétendre à ce job. Proust tiendra-t-il le coup ? Combien de temps ? À voir. Côté salaire, pas de problème, la rumeur veut que le ministre d'État, qui sillonne la ville dans sa grosse limousine officielle, émarge à plus de 15 000 euros par mois. Il habite dans une résidence somptueuse de plusieurs centaines de mètres carrés sur le Rocher avec une terrasse surplombant le port Hercule. Bon vivant, ce « Chevalier des Tastevins et des Anisetiers du Roy » dispose en outre d'un cuisinier particulier. Reste la santé. Proust, qui a été opéré de la hanche en septembre 2006, passe sa journée avec un petit cigarillo vissé au coin des lèvres. Il fume sans arrêt et souffre périodiquement de quintes de toux qui lui font battre les bronches à la volée, comme des cloches. Il émet alors des sons terribles. À part cette respiration fulminante, charnu, taillé dans la masse, il semble construit pour durer. Ce que beaucoup souhaitent : direct, l'œil bienveillant derrière des lunettes carrées, il est agréable à côtoyer, notamment lors des points de presse qu'il organise une fois par mois. Comme tous les politiques, il ment un peu aux journalistes mais avec bonhomie, ce qui le rend sympathique.

Proust a été mis en place en juin 2005 par Rainier alors qu'Allavena l'avait été par Albert II. Les relations entre les deux hommes forts du régime ont évoqué *Règlement de comptes à OK Corral,* une sorte de querelle des

Anciens et des Modernes à la sauce monégasque. Au fil du temps, leurs différends étaient devenus chroniques. Logique : lors des derniers mois de vie de Rainier, le rôle du cabinet, peuplé de fantômes, avait été supplanté par celui du gouvernement. Proust prenait alors ses ordres auprès du vieux monarque et agissait sans contraintes, comme un petit boss... Depuis, le ministre d'État doit compter avec un souverain plus jeune et, durant un temps, il a dû souffrir Allavena, sa bête noire, qui lui demandait de rendre des comptes, de justifier ses décisions, de partager le pouvoir. D'où une guerre de position, façon guerre de 1914, où chacun observait l'autre et lançait une petite offensive dès que l'occasion lui en était donnée... Parmi les escarmouches qui ont défrayé la chronique, on retiendra notamment le financement de la dalle de béton off-shore que Monaco va construire pour gagner douze hectares sur la mer. Allavena souhaitait que l'État monégasque investisse directement dans ce projet. Tandis que Proust préférait en confier la réalisation à des promoteurs privés pour ne pas plomber les finances de l'État. Le point de vue du gouvernement l'a finalement emporté. Victoire Proust. En revanche, l'opération se déroulera avec l'aide d'un banquier conseil, le Crédit agricole, ce que le gouvernement n'avait pas prévu. Victoire Allavena. Innombrables, les passes d'armes entre le palais et le gouvernement se sont poursuivies durant plus d'un an et elles ont abouti au remplacement d'Allavena par Georges Lisimachio, ex-secrétaire général du cabinet princier, réputé honnête, travailleur et sans relief. Avant sa nomination, ce petit baron assurait la coordination et le suivi des dossiers instruits par le cabinet et il traitait les affaires financières. Âgé de quarante-neuf ans, marié, monégasque, c'est un enfant du régime : juriste de formation, il a écrit sa thèse de troisième cycle sur la Constitution monégasque de 1962 et il a fait toute sa carrière dans la principauté. « C'est un intérimaire, qui prépare l'arrivée d'un gros calibre pour succéder à Allavena », affirment certains proches du régime. Pas si sûr. Ce que le prince Albert ne supportait pas avec Allavena, c'était qu'il lui demande de travailler, de prendre des décisions, d'arbitrer, de trancher, bref d'exercer le pouvoir. À tout cela, Albert II préfère les hyperboles de la vie privée et les voyages. Lors du départ d'Allavena, il aurait demandé à son nouveau directeur de cabinet de gouverner « sans vagues ». Aussi docile qu'un chinchilla, Lisimachio pourrait donc occuper cette fonction durant un certain temps.

Dans l'hémicycle, on interprète le départ de l'ancien numéro deux de Lagardère Media comme la fin d'une partie replaçant le suivi des affaires nationales entre les mains du gouvernement de Jean-Paul Proust, grand vainqueur de l'affrontement avec Christiane Stahl, la chiraquienne que l'Élysée a placée sur le Rocher. Celle-ci jubile. Quand elle a quitté le Liban où, dit son CV, elle fut conseillère de feu Rafic Hariri, cette ancienne de la Française des jeux a tout fait pour arriver à Monaco, bien qu'elle trouve la ville, m'a-t-elle confié, un peu « encaissée ». Mise sur la touche par Jean-Luc Allavena, qui la jugeait incompétente, elle a depuis son départ retrouvé un rôle de premier plan. Pour la petite histoire, elle aurait également eu la peau d'Armand Déüs qui ne manquait pas une occasion de la battre froid.

Toute la période de guerroiment entre Allavena et Proust a fait les choux gras de Stéphane Valeri. Obsédé par son image mais peu photogénique, ce quadra est une valeur politique à suivre. « C'est un fou réfléchi », me glissait récemment un de ses amis politiques pour le définir. Valeri a la même capacité à synthétiser la haine que le foie à sécréter la bile. Ses détracteurs ricanent au prétexte que, du haut de son mètre soixante, il prend des postures césariennes. Mais c'est oublier que ces petits pieds soutiennent le plus grand manigancier de la principauté, un politique pure souche, inoxydable, installé au sommet du Conseil national et bien décidé à y rester une mandature de plus. Peu diplômé, pas vraiment transcendant, c'est un arriviste survolté, toujours sur la brèche, doté d'une tchatche intarissable. Combinard, il place des hommes à lui un peu partout. Son principal handicap est d'être antipathique et totalement dépassé en matière de communication : quand on l'interviewe, il n'hésite pas à poser ses propres questions pour être certain de traiter ses thèmes favoris !

Le rêve de Valeri, c'est d'être calife à la place du calife. Un jour, lors d'un de ces déjeuners durant lesquels il ne boit que de l'eau et après m'avoir assommé de propos institutionnels pendant une bonne heure, il m'a avoué – après avoir éludé trois fois la question – que son rêve est de devenir ministre d'État. Mais, *mutatis mutandis*, l'homme sait qu'il est encore trop tôt pour remplacer Jean-Paul Proust. Alors, il patiente. Les 6 000 euros d'appointement que lui octroie le Conseil national ne sont qu'une partie de ses revenus. Il est aussi le principal actionnaire de Promocom, une société qui fait notamment de l'affichage publicitaire. Il occupe une fonction d'administrateur à Solétanche, une société spécialisée dans le terrassement, très active à Monaco. Et, pour faire bonne mesure, un autre poste d'administrateur, à la Banque Mirabaud, un établissement helvétique qui s'est installé récemment dans la principauté.

Les relations que Valeri entretenait avec Jean-Luc Allavena étaient officiellement fraternelles, tout du moins au début. « Avec Jean-Luc, nous sommes des copains d'enfance », me rappelait-il peu après la nomination du « Parisien ». Mais cette belle camaraderie s'est vite dégradée. Selon des proches de Valeri, elle a battu de l'aile pour des motifs pathologiques : « Dès que Stéphane a quelqu'un de puissant face à lui, il cherche à le tuer,

c'est plus fort que lui… », confie un de ses ex-alliés politiques. Plausible : en catimini, Valeri n'hésitait plus à
tailler des croupières à son copain d'enfance, quelques
semaines avant qu'il soit remercié par le prince. « Ce que
je note, en ce moment, c'est une perte d'influence de
Jean-Luc Allavena », annonçait-il sur un ton aigre-doux.
Et de poursuivre : « J'ai l'impression que le gros matou
(comprendre Jean-Paul Proust) finira par bouffer la
petite souris. »

L'avenir lui a donné raison, ce qui a dû le ravir.
Allavena en poste, il avait, face à lui, quelqu'un de retors,
d'assez compétent et dont les rapports avec Albert II
étaient, initialement en tout cas, assez chaleureux. Avec
son départ, Valeri, qui a exulté en apprenant la nouvelle,
ne voit plus grand monde pour lui barrer la route, si ce
n'est Jean-Paul Proust qu'il rêve, un jour, de
remplacer…

Sisters

Les deux sœurs du prince, Stéphanie et Caroline, les
sisters comme les appellent les Monégasques, exercent
également une influence sur leur frère. Lors des obsèques
du prince Rainier, il n'a échappé à personne qu'elles
encadraient le nouveau souverain avec une tendresse
appuyée. Lorsque l'adagio pour cordes de Samuel Barber
a retenti dans la cathédrale de Monaco, les trois

Grimaldi ont retenu leurs larmes, se sont serré les coudes et ont fait front en se souvenant que le même passage avait été joué lors des funérailles de la princesse Grace, décédée en 1982 dans un accident de voiture. Depuis, cette étreinte s'est maintenue. Mais elle masque des différends. À Monaco, ce n'est un secret pour personne que si elles sont proches de leur frère, les *sisters* entretiennent, en revanche, des relations parfois conflictuelles. « Le drame de Stéphanie, c'est qu'elle jalouse un peu sa sœur aînée, plus structurée, plus mûre, plus cultivée, et qu'elle cherche à s'émanciper par tous les moyens », raconte quelqu'un qui la connaît depuis l'adolescence.

Par chance, les deux sœurs se voient peu. Bien qu'elle possède, dit-on, comme sa sœur, une superbe villa sur le Rocher, Caroline ne séjourne à Monaco que cinq à six fois dans l'année. La plupart du temps, elle vit en Allemagne avec son nouveau mari, Ernst-August de Hanovre, surnommé le « prince Baston » en raison de sa nature irascible. C'est d'ailleurs en Allemagne, au grand dam des Monégasques, qu'elle a donné naissance, en 1999, à Alexandra, la fille qu'elle a eue avec Ernst-August.

Stéphanie, elle, vit régulièrement dans la principauté, même si elle a longtemps scolarisé ses enfants à l'extérieur dans un petit village français, pour les préserver des curieux. « L'ouragan » s'est un peu calmé. S'il fut un temps où la princesse écumait les boîtes de nuit monégasques, il est dorénavant plus fréquent de la croiser lors des soirées caritatives, qu'elle affectionne. Mais impossible de l'aborder. Elle est perpétuellement flanquée de gardes du corps qui ne la quittent pas d'une semelle. Parfois, elle donne l'impression d'être mieux protégée que son frère. Une fois, je l'ai vue descendre de voiture près du casino. Elle était encadrée par des *body-guards*, massifs, véloces, alors que Monaco est un pays où l'on ne risque pas grand-chose…

Paradoxalement, tandis qu'elle suscite un intérêt permanent à l'étranger, la vie des *sisters* préoccupe peu les Monégasques qui y font rarement allusion. La famille princière est perçue comme un ensemble assez homogène dont ils respectent l'intimité. Seules les facéties les plus voyantes de la famille Grimaldi font l'objet de commentaires acides. Ainsi, voilà deux ans, Stéphanie s'est découvert une âme de romanichelle. Elle a quitté l'appartement que l'État monégasque mettait à sa disposition au dernier étage d'un immeuble domanial pour s'installer dans une roulotte avec ses deux enfants. Elle a vécu ainsi durant près d'un an sur un terrain vague près du chapiteau qui accueille le Festival du cirque dans le quartier de Fontvieille, le quartier des affaires de Monaco ! Cela a fait jaser ses sujets.

Politiquement, l'influence des filles du prince Rainier est restreinte : « Institutionnellement, l'histoire des deux princesses se limite à quatre mariages et à deux enterrements, ceux de leurs parents », résume avec férocité un proche du palais.

Lorsqu'ils évoquent la vie des *sisters*, les Monégasques se rappellent surtout de leurs frasques, nombreuses selon la rumeur locale, qui colporte moult anecdotes réelles ou fantasmées à ce sujet. Ce qu'il y a de certain, c'est que la famille Grimaldi – Albert II l'a démontré à plusieurs reprises – est forte d'une sensualité dévorante, ce qui est plutôt un signe de bonne santé. Dans les années 1920, les relations de la princesse Charlotte de Monaco avec différents malfrats dont René la Canne, qui devint son chauffeur, son intendant et son amant, ont fait jaser toute la principauté. Les filles de Rainier et de Grace entretiennent la légende. Stéphanie, qui n'a que dix-sept ans lors de la mort de sa mère, trouvera le réconfort dans les bras du fils d'un architecte, puis dans ceux de son garde du corps, qui lui fera deux enfants. Après la dissolution de ce mariage, en 1996, elle s'amourache de son nouveau garde du corps. Il lui fera un nouvel enfant. Au final, la princesse aura uniquement procréé avec ses *bodyguards*. Périodiquement, la presse italienne lui prête, à tort ou à raison, de nouveaux flirts avec des brutes, pour le plus grand plaisir de ses lecteurs.

Stéphanie est discrète. Durant mes douze mois dans la principauté, je n'ai entendu parler d'elle que lors de l'inauguration du Festival du cirque et de la magie, qu'elle préside, et dans le cadre de la lutte qu'elle mène contre le sida avec Fight Aids Monaco, son association. Certaines de ses positions sont courageuses. Récemment nommée ambassadrice de bonne volonté de l'Onusida, elle a publiquement déploré que l'Église s'oppose à l'utilisation du préservatif pour enrayer la propagation de la maladie, ce qui est assez irrévérencieux dans un État concordataire.

La seule anecdote amusante que j'aie glanée sur elle concerne l'interview qu'elle a accordée pour parler du sida à un journaliste de la rédaction, qu'elle a reçu, en jogging, sans doute après une séance de gym, sur le coup de 10 heures du matin, avec le visage de quelqu'un qui paie les excès de la veille...

Il y a chez Stéphanie une sorte de pathos, une mine fripée à laquelle elle doit l'affection décuplée de son frère. Il suffit de les voir côte à côte pour se rendre compte de leur dépendance affective, comme si elle lui était attachée par une sorte de laisse. Quelques mois après le décès de son père, Albert II a accroché la médaille de l'ordre de Saint-Charles sur la poitrine de sa sœur pour témoigner de l'importance officielle que la principauté lui accorde. Cette reconnaissance s'arrête là : la princesse n'intervient pas directement dans les décisions politiques du royaume, auxquelles, disent les mauvaises langues, elle ne comprend d'ailleurs pas grand-chose. Mais elle peut toutefois modeler la sensibilité du prince, ce qui lui confère un certain pouvoir.

Un pouvoir qu'elle doit partager avec Caroline. Depuis avril 2005, la plus « Chanel » des deux *sisters* est en première place dans l'ordre de succession monégasque. Un rang qu'elle conservera tant que son frère n'aura pas d'héritier légitime. Habitée par le tempérament de feu des Grimaldi, « Caro », ainsi que la surnomment ses amis, a la réputation d'une forte tête. À l'occasion de ses vingt ans, elle a par exemple refusé que ses parents organisent un grand bal avec toute la jeunesse titrée mondiale, préférant passer quelques jours avant une soirée chez Régine, une boîte parisienne, pour fêter l'événement en compagnie de Philippe Junot, le fils d'un diplomate, qu'elle finira par épouser.

Comme ses frère et sœur, Caroline n'est pas une femme à diplômes. Après de « brillantes » études secondaires, elle tente Sciences-po Paris, où elle se plante et finit à la Sorbonne où elle passera une licence de philosophie. Ses amours ont défrayé la chronique à plusieurs reprises. Séparée de Philippe Junot, elle se remarie, en 1983, avec un magnat italien, Stefano Casiraghi, qui lui fera trois enfants avant de se tuer dans un accident de off-shore. En 1999, elle épouse le prince Ernst-August de Hanovre. Les frasques de ce prince de sang qui, après une soirée bien arrosée, s'est fait attraper en train d'uriner sur le drapeau turc, sont nombreuses. C'est un miraculé. Lors du décès de Rainier, il était hospitalisé à Monaco pour une pancréatite. Cette affection est mortelle dans la plupart des cas : elle débouche sur la destruction totale de la glande qui s'autodigère sous l'effet de ses propres enzymes, très puissantes ! Contre toute attente, le prince de Hanovre survivra à la fois à la maladie et à son hospitalisation dans un établissement monégasque.

Politiquement, Caroline n'occupe pas le même rôle que sa sœur. À Stéphanie, le sida et le Festival du cirque. À Caroline, la culture. Avec la mort de sa mère, elle a récupéré plusieurs présidences, dont celle du Garden Club et du Festival des arts de Monte-Carlo. En 1985, selon les vœux de sa mère, elle crée la compagnie des ballets de Monte-Carlo, lourdement subventionnée par l'État. Selon les confidences que m'a faites Philippe Deslandes, l'ancien conseiller du gouvernement notamment chargé des affaires de police et de la culture (une spécificité locale), Caroline n'est pas une présidente potiche. Elle influe notamment sur l'acquisition des œuvres que l'État monégasque achète, tous les ans, pour remplir ses musées. Et elle a pesé de tout son poids pour qu'un grand espace muséographique, peut-être un nouveau Guggenheim, à l'architecture inédite, soit édifié à la pointe de la future zone d'extension sur la mer. Du fait de son mariage avec le prince de Hanovre, « Caro » détient un poids politique plus important que celui de Stéphanie, notamment en matière de relations internationales. Elle parle cinq langues, et converse avec beaucoup de monde. Son frère l'écoute. Même s'il a quelques raisons affectives de lui en vouloir : parlant de Caroline, Rainier a indiqué à plusieurs reprises qu'elle ferait « une bonne princesse régnante ». C'est un compliment qu'il n'a jamais fait à son fils…

Chapitre 2

LE ROYAUME DU SILENCE

Au cours de mon séjour monégasque, et c'est une de mes satisfactions professionnelles, je suis parvenu à fissurer le mur du silence qui étouffe la principauté en créant une rubrique « Confidentiels » dans mon journal. Banale en France, l'apparition de cette petite colonne de texte publiée sur fond saumon était inédite à Monaco. Elle y a créé quelques perturbations. L'objectif était de faire circuler des petites informations sensibles, dérangeantes, après les avoir vérifiées. Soigneusement, car à Monaco, le sport national, c'est la rumeur, la « machine à détruire » comme l'appellent les sujets d'Albert II. Dans cet univers de deux kilomètres carrés, les gens s'ennuient et, pour se distraire, ils font courir des bruits sur tout et sur rien. Évidemment, Radio Rumeur émet également à Paris et dans tous les villages de France et de Navarre. Mais à Monaco, cet engouement est maladif, obsessionnel. Les shrapnels partent dans toutes les directions. Les rumeurs sont généralement lancées lors des cocktails, innombrables en principauté. Parfois, elles renvoient à un dossier solide, qui sort de façon biaisée, pour éviter une confrontation directe. C'est ainsi que l'on apprenait, il y a quelques mois, que les dépenses de communication de Stéphane Valeri étaient passées au crible par des parlementaires soucieux de vérifier que l'argent public n'avait pas été utilisé à des fins de promo personnelle. Puis, quelque temps plus tard, la même rumeur publique laissait entendre que l'ouverture d'une information judiciaire était prévisible, ce qui a été confirmé en décembre 2006. Depuis, les auditions sont en cours mais, pour l'instant, aucune malversation n'a été démontrée. Dans la plupart des cas, les rumeurs sont de simples élucubrations destinées à tuer. J'ai souvent été surpris par les énormités que me rapportaient des tiers, pas trop bêtes, sous couvert d'anonymat. Un jour, l'un d'eux m'a raconté que le propriétaire du journal pour lequel je travaillais avait offert des Porsche à plusieurs membres du gouvernement pour obtenir des chantiers publics. Dans la plupart des cas, les rumeurs peuvent être autodémenties avec un peu de jugeote, mais les Monégasques les dévorent et les amplifient mécaniquement, par jeu, dès lors qu'elles ont un brin de crédibilité. Il

s'agit d'une forme de perfidie sociale, d'un trait de caractère national.

Au départ, la rubrique « Confidentiels » de *Monaco
Hebdo* n'a pas été facile à nourrir. Il fallait amorcer la
pompe. Vaincre les réticences et la peur résiduelle qu'a
laissées le fantôme de Rainier sous l'ère duquel aucune
info ne sortait autrement que par la bande. Il a fallu
persuader les caciques du régime que certaines confidences se propageraient plus vite par voie de presse
qu'autour d'une coupe de champagne, ou que les deux
genres pouvaient coexister.

Les débats couvant au Conseil national ont fait
l'objet d'indiscrétions répétées. Hommage soit rendu aux
politiques, quelques-uns sont devenus des amis,
convaincus qu'après des années de plomb la transparence
devait aussi s'imposer sur le Rocher, et ils ont accepté de
jouer le jeu. Ils ont été victimes d'un début de chasse aux
sorcières. Furieux de voir des débats réputés confidentiels – à Monaco, tout est secret – sortir de l'enceinte du
Conseil national, Stéphane Valeri, son président, est
intervenu à plusieurs reprises auprès des conseillers nationaux pour leur demander de ne pas communiquer à la
presse des informations sensibles, affirmant que l'intérêt
national était menacé et qu'il mènerait une enquête pour
savoir qui « parlait » aux journalistes. L'investigation s'est
enlisée, mais les menaces planent toujours.

De son côté, mon actionnaire, très sensible au point de vue de Stéphane Valeri, dont il a activement soutenu la campagne électorale, m'a fait plusieurs fois sentir que des « Confidentiels », relatant notamment les démêlés du président du Conseil national avec sa propre majorité, ne l'emballaient pas. Mais il ne m'a jamais demandé qui me donnait des informations. C'est un net progrès puisqu'un an auparavant, Caroli avait viré en quarante-huit heures une journaliste refusant de lui dire qui était à l'origine d'une brève annonçant le départ d'un des barons du régime ! Ce licenciement lui a d'ailleurs valu une condamnation confirmée en appel par la justice monégasque en février 2007.

Fournisseurs

Le problème de la presse écrite monégasque, c'est qu'elle est en liberté surveillée et qu'elle n'a pas de modèle économique. Si on ajoute aux huit mille Monégasques les résidents français et les enfants du pays, le nombre de ses lecteurs potentiels ne dépasse pas quinze mille personnes. Bien peu. Le reste de la population, c'est-à-dire les résidents italiens et britanniques, de plus en plus nombreux, n'achètent pas la presse locale. Pour des raisons linguistiques, bien sûr, mais aussi parce qu'ils se sentent peu concernés par les soubresauts de la vie monégasque.

Si on fait exception de *Monaco-Matin*, l'édition locale de *Nice-Matin*, la diffusion des journaux monégasques peut être évaluée avec un simple boulier. Elle se situe autour de quinze cents exemplaires pour chacun des deux hebdos, à quoi s'ajoutent plusieurs centaines d'exemplaires distribués gratuitement. Cette distribution est constante et elle profite surtout aux proches du pouvoir. *Monaco Hebdo* est ainsi distribué gracieusement aux membres du cabinet princier, à beaucoup de parlementaires, à des conseillers du gouvernement, ainsi qu'à leurs proches. Je me souviens d'un coup de fil de la secrétaire de Robert Calcagno, alors au cabinet princier, s'étonnant qu'il ne reçoive pas gratuitement le journal, comme les autres conseillers. C'est une coutume : lorsque j'étais en poste, Jean-Paul Proust, ministre d'État économiquement un peu juste, m'envoyait tous les mercredis son chauffeur pour récupérer des exemplaires de *Monaco Hebdo*, dont un pour lui, et d'autres pour son épouse qui, m'a-t-on expliqué, les faisait ensuite circuler auprès de ses proches !

Faute de diffusion suffisante, le chiffre d'affaires publicitaire des revues monégasques est dérisoire. C'est la grande misère. Au début, arrivant à Monaco, j'étais persuadé que les journaux locaux, qui touchent l'un des publics les plus riches et les plus dépensiers de la planète, regorgeaient de pubs. J'ai vite déchanté.

Pas de diffusion et peu de pub, la conclusion est simple. Elle rime avec déficit. En 2006, Monaco comptait deux grands hebdos : *Monaco Hebdo* et *L'Observateur de Monaco*, qui a, depuis, été transformé en mensuel. Ces deux journaux sont détenus par des tycoons locaux et ils perdent de l'argent.

Monaco Hebdo, titre leader, appartient à Antonio Caroli, promoteur immobilier, la soixantaine, souriant comme une lime à ongles. *L'Observateur* est détenu par Patrice Pastor, également promoteur, mais de bel acabit celui-là, puisque l'ensemble de sa famille détient, au bas mot, 20 % du foncier bâti de la principauté. Les Pastor... À Monaco, cette famille, dont le chef de clan, Michel Pastor, est également propriétaire de l'épicerie parisienne Hédiard et de l'enseigne immobilière de prestige John Taylor, suscite une forte animosité. Trop riches, trop puissants, trop cupides. En l'espace de quatre générations, depuis l'arrivée en 1880 de Jean-Baptiste Pastor, un maçon d'origine italienne, la « famille » a construit plus de six cent mille mètres carrés. Soit des centaines d'appartements qu'elle détient toujours et qui lui rapportent des centaines de milliers d'euros de loyers répartis entre les différents héritiers de la fratrie. À ce patrimoine s'ajoutent des milliers de mètres carrés de bureaux et de centres commerciaux. Michel Pastor qui, en garçon bien éduqué, vient de laisser son poste de président de la chambre de développement économique à Franck Biancheri, ancien conseiller d'État aux Finances, exerce aussi une activité de courtage d'assurances, possède une galerie d'art, une participation dans le groupe français Artcurial et la présidence de l'AS Monaco, le calamiteux club de foot de la principauté. À cette aune, le petit hebdomadaire détenu par Patrice Pastor ne pèse pas grand-chose, quelques millions d'euros de pertes annuelles dont un peu d'argent versé mensuellement à un ancien grand journaliste français pour son rôle de conseil éditorial...

Face à cet empire, Antonio Caroli, qui parle le français avec un accent italien à couper au couteau, ne pèse pas bien lourd. Son patrimoine immobilier n'a rien de comparable. Son état de fortune non plus, même s'il roule en Porsche et détient plusieurs sociétés. Telle la grenouille de la fable, Caroli veut enfler. Son rêve est de grandir grâce à des talonnettes financières. Pour exister, il copine, ce n'est un secret pour personne, avec Valeri qu'il conseille politiquement, en catimini. Tandis que Patrice Pastor – qui interdit à la rédactrice en chef de son journal de parler politique dans ses colonnes ! – est réputé favorable au clan des ultraconservateurs, battu lors des élections de 2003.

Les mœurs éditoriales de ces deux hommes entrés dans la presse comme dans un chantier sont rudimentaires, comme l'étaient celles de Francis Bouygues. Durant des mois, Caroli a souhaité lire les papiers politiques de *Monaco Hebdo* avant leur publication, afin de préserver ses « amitiés ». Et il a fini par me jeter parce que je refusais invariablement de lui soumettre cette copie. Pastor ne vaut pas mieux. J'ignore s'il exerce un contrôle a priori sur les articles mais je sais qu'après chaque parution, il envoie à la rédactrice en chef de *L'Observateur* des notes de synthèse dans lesquelles il donne sa vision du monde et « évalue » la teneur des papiers publiés. Lors de la transformation de *L'Observateur* en mensuel, il a d'ailleurs publiquement déclaré, dans une interview en janvier 2007 au journal *Nice-Matin* : « Je n'ai pas pour objectif de faire un journal où tout va mal et où tout est moche. Quitte à fermer les yeux sur ce qui n'est pas beau. J'ai envie d'un magazine inodore et incolore. Il n'y a pas de mal à cela. » Difficile d'être plus explicite !

Caroli et Pastor estiment que leurs journaux doivent servir leurs intérêts patrimoniaux. Quelques jours avant de me licencier, sans motif, comme la loi monégasque lui en donnait le droit, Caroli m'a convoqué dans son petit bureau du boulevard d'Italie. Il était 10 heures du matin, il finissait de boire son Coca-Cola, comme tous les matins à la même heure. Dans son français approximatif, il m'a prévenu : « Je reçois beaucoup de coups de fil de gens qui se plaignent du journal. Vous y allez trop fort. À quoi cela me sert d'avoir un journal qui ne me plaît pas ? Méfiez-vous. »

L'autre point de ressemblance entre Caroli et Pastor, c'est qu'ils ont trop d'intérêts communs pour ne pas pactiser. Lorsque je suis arrivé à Monaco, en 2005, ils s'entendaient déjà en sous-main : *L'Observateur* étant créé avec des transfuges de *Monaco Hebdo*, Caroli a pris la mouche, puis son téléphone pour joindre Pastor à qui il a demandé de ne pas honorer certaines promesses d'embauche au prétexte que l'« on ne se pique pas un maçon sur un chantier ». L'autre a obtempéré et il a notamment refusé d'embaucher un maquettiste que je suis finalement parvenu à réintégrer pour lui éviter le chômage ! Après cet épisode, Caroli m'a répété, en moyenne une fois tous les trois mois, que *L'Observateur* allait cesser de paraître. Et puis, un jour, il m'a demandé de monter le voir et m'a annoncé : « J'ai quelque chose d'important à vous dire… » Et de continuer : « Vous allez rendre visite à Patrice Pastor, le promoteur, vous savez, pour l'interviewer. » Surprise : « Pour quelles raisons, monsieur ? » Sur son bureau, plusieurs objets affreux, dont un gros stylo suisse planté dans un encrier factice. Jouant avec, il poursuit : « Nous allons créer une société commune avec Pastor afin de regrouper nos forces dans le cadre du chantier d'extension sur la mer. » Je hoche la tête. « Je comprends, mais ce n'est pas gênant d'annoncer la constitution d'un cartel dans votre propre journal ? » Caroli repose son stylo et me jette alors un coup d'œil où perce une incompréhension réelle :

« Gênant, mais pourquoi ça serait gênant, c'est mon journal, non ? »

Sur le moment, je n'en ai pas eu conscience mais c'est avec cet épisode que le destin de la presse monégasque s'est scellé. Comme le dit, en France, François Bayrou, le patron de l'UDF, il est préjudiciable que les relations entre un gouvernement et des groupes de presse soient celles de fournisseur à client. Ce schéma vaut aussi à Monaco, qui est un modèle du genre. Le duo Pastor-Caroli, en affaire avec le gouvernement, veut son sucre, un morceau d'extension sur la mer. Aussi, tous deux réclament-ils des articles lisses. C'est sans doute une bonne stratégie pour le business mais c'est une mauvaise tactique pour les journaux. Car les lecteurs monégasques n'aiment pas les titres serviles. En douze mois, *Monaco Hebdo* a épinglé beaucoup de monde. Et les lecteurs ont suivi. La diffusion a progressé de 30 %, sans investissement publicitaire autre que des flancs de bus. Quand j'ai rappelé ces chiffres à Caroli, il m'a ri au nez en m'expliquant qu'il s'agissait d'une donnée périphérique. « Vous savez, ma danseuse est généreuse : si elle ne se vend pas, elle est prête à se donner... »

Dans ces conditions, évidemment...

Diabolisé

Le gotha monégasque n'aime pas beaucoup les dissidents qui prennent la plume et tentent de les faire taire. Bernard Vatrican en sait quelque chose. Ce Monégasque d'une cinquantaine d'années, ancien responsable de la campagne électorale de Stéphane Valeri avec lequel il est aujourd'hui brouillé, a été diabolisé par la nomenklatura locale.

J'ai fait la connaissance de Vatrican durant l'été 2005, lors d'un passage à la rédaction de *Monaco Hebdo*, où il venait déposer son dernier livre. Sur la quatrième de couverture, on peut lire : « Le problème à Monaco, ce sont les Monégasques » ; « Ils ont le cerveau comme leur territoire » ; « À Monaco, réfléchir, c'est déjà désobéir ». Dans ce livre, bien écrit, on trouve tout, parfois jusqu'à l'indigestion, et même un peu d'insolence. Si Vatrican, Monégasque, caresse ses compatriotes avec des orties, ce n'est pas par masochisme, mais parce qu'il a une âme de sociologue. Il a écrit une somme sur l'histoire de Monaco, ses anachronismes, les défis que la principauté doit relever pour rejoindre le camp des démocraties modernes. Matraqué par des élites qui lui reprochent de pointer un projecteur sur les cicatrices nationales, il est, toutes proportions gardées, une sorte de petit Voltaire monégasque. Mais à la différence du châtelain de Ferney, il n'est pas riche. Il vivote. Si prompt à trouver des emplois à ses nationaux, Monaco ne lui propose rien. On le laisse s'efflanquer. On lui suggère d'être logique puisqu'il fustige « l'assistanat dont bénéficie une majorité de Monégasques et la déresponsabilisation qui en résulte ». Quand on lui demande s'il n'a pas le sentiment d'être victime d'une chasse aux sorcières, Vatrican répond : « Pas exactement. Car les inimitiés se limitent à un petit cercle de politiciens. (…) Ce qui fait peur ici, ce n'est pas seulement le courage et le franc-parler, c'est aussi la compétence. »

Qu'on ne se méprenne pas. Vatrican, comme il se doit à Monaco, est « principiste », attaché au pouvoir immuable du prince. Dans le cadre du numéro consacré à l'intronisation d'Albert II, je lui ai demandé s'il voulait faire son portrait. Il m'a répondu : « J'en serais ravi à condition qu'il soit d'accord. » Finalement, le portrait a été fait par quelqu'un d'autre.

La thèse de Vatrican, c'est que la principauté est une « monocratie démocratique », titre de son dernier ouvrage. Il refuse toute évolution vers le parlementarisme mais se prononce pour un renforcement de la démocratie réelle en y associant – ce qui est révolutionnaire dans un pays où la préférence nationale fait figure de morale d'État – un peu plus les non-Monégasques :

« Je dirais que seuls les Grimaldi ont droit aux privilèges et à la considération due à leur rang. Tous les autres citoyens de ce pays sont égaux en droits et en dignité. Monaco aurait bien besoin de faire sa nuit du 4 Août. »

Pour se faire entendre, Vatrican a créé un *think tank* à la monégasque, le *Club du 12 juillet*, date à laquelle le prince Albert II prononça son discours d'investiture. Il s'agit d'un cercle d'échanges et de réflexion sur la vie et l'avenir de la principauté. Souhait de Vatrican : que le club fasse surgir des *works in progress* et que son fonctionnement « porte (...) l'ébauche d'une nouvelle forme de démocratie, ressemblant à l'agora athénienne, à partir d'un engagement responsable et solidaire de tous, nationaux et étrangers réunis ». Une utopie que pas mal de parlementaires monégasques vont tenter de torpiller pour continuer à penser exclusivement entre « Monegu ».

Motus et bouche cousue

Les journalistes monégasques sont courageux. Tous les jours, ils doivent solliciter les différents échelons d'un pouvoir pyramidal pour extirper des informations que l'on répugne à leur communiquer, par simple flemme ou par goût du secret.

Sur le Rocher, au sommet de la pyramide, l'information ne sort qu'avec parcimonie. Le palais ne communique qu'en fonction des intérêts de l'État qui, bien souvent, se confondent avec ceux du prince. Avant l'arrivée de Jean-Luc Allavena, l'information en provenance du Rocher se résumait à des e-mails dont la première version, généralement perfectible, était suivie d'une deuxième et, parfois, d'une troisième amendant les deux premières. Avec son arrivée, les choses se sont améliorées. Lors de la formation de son cabinet, il a intégré (et s'en est mordu les doigts) une conseillère en communication, Christiane Stahl, parachutée, dit la rumeur, sur la recommandation de Jacques Chirac, qu'elle épaula à la mairie de Paris de 1989 à 1994.

Je me rappellerai toujours ma première rencontre avec cette femme d'une cinquantaine d'années à la silhouette impeccable. Elle convia à déjeuner tous les rédacteurs en chef de la principauté dans un restaurant chic, nous assura qu'elle lisait assidûment tous nos journaux, en martelant à l'envi que nous étions tous « formidables, vraiment formidables ». Bref, elle nous traita comme des sous-développés.

Les relations avec Christiane Stahl furent épisodiques. Je la croisais de temps à autre à l'aéroport de Nice d'où elle partait, comme moi, le vendredi soir pour aller passer le week-end à Paris. C'était l'occasion de lui poser des questions qu'elle esquivait en faisant ciller ses grands yeux bleus et en lançant « Joker ! » comme chaque fois qu'elle refuse de répondre. Je la questionnais aussi sur son antagonisme avec Jean-Luc Allavena. « Depuis que je suis à Monaco, j'ai découvert les *Pensées* d'Alain dont je lis un petit passage tous les soirs. Ça m'aide à tenir le coup », répondait-elle en tournant autour du pot. Après quelques mois de coexistence est arrivé ce que la rumeur monégasque pronostiquait depuis des mois : durant l'été 2006, Christiane Stahl a été promue à d'autres fonctions. La conseillère s'occupe dorénavant de la Fondation Albert-II, la tirelire monégasque consacrée à la défense de l'environnement.

Un étage plus bas dans la pyramide, on trouve le gouvernement et son ministre d'État, Jean-Paul Proust. Au début, il était toujours prêt à répondre aux questions des journalistes, ce qui lui a d'ailleurs causé quelques déboires. Selon son humeur, il annonçait parfois des mesures bidon comme la création de ce CSA monégasque qui ne sortira jamais des limbes. Ces petites erreurs de communication lui ont valu des remontrances du palais. Pour toucher Jean-Paul Proust comme les membres de son gouvernement, il faut passer par le centre de presse. J'ai déjà dit ce que je pense de cette instance centralisatrice mais je le répète : il s'agit d'une structure stalinienne, d'une machine à freiner, dont les pesanteurs contrecarrent le traitement rapide des informations. Tout transite par lui. Vous voulez savoir combien il y a de statues à Monaco ? Centre de presse. En quoi sont les trottoirs ? Centre de presse. À quelle heure s'allument les lampadaires ? Centre de presse. Où en est l'attribution de l'atelier d'artiste laissé vacant par la mort de Folon ? Centre de presse. Vous voulez filmer ou photographier Monaco ? Centre de presse ! Début décembre, nous avions décidé de faire un sujet sur les vitrines de Noël. Le photographe chargé du reportage a pu travailler dix minutes avant de se faire interpeller par les flics. Il n'avait pas d'autorisation du centre de presse ! Il a été forcé de remballer son matériel.

Le centre de presse est un abysse insondable où des attachés de presse mettent des semaines à traiter des questions qui, ailleurs, trouveraient une réponse en un quart d'heure. Tout l'anachronisme monégasque est là. La moindre demande doit faire l'objet d'un e-mail qui, après avoir été jugé administrativement recevable, remonte des canaux administratifs où il peut séjourner durant des semaines avant de ressurgir ou de se perdre, selon les cas. Alors, il faut relancer. Pour les questions touchant les affaires intérieures, rien n'est possible avant une bonne semaine. C'est le tarif. Idem pour les finances. Quant à la culture, également coiffée, c'est une spécificité locale, par le ministère de l'Intérieur, c'est un puits où la plupart des requêtes s'abîment définitivement.

Quant aux demandes d'interview, c'est François Chantrait, directeur du centre de presse, un ancien journaliste qui a troqué sa carte de presse contre une carte de directeur de conscience, qui veille au grain. Il vérifie l'orthodoxie des questions. Jouissant du pouvoir comme s'il s'agissait d'une femme, cet ancien contestataire, qui a la réputation d'être un bon joueur de tennis, est le sous-titrage médiatique de la principauté. Quand il ouvre la bouche, c'est pour dire que tout va bien. Sa mission consiste à transfigurer Monaco en cité idéale. Habitué aux papiers positifs sous l'ère Rainier, Chantrait se cabre devant les titres négatifs. Il m'a plusieurs fois appelé pour me reprocher le ton critique que prenait « mon » hebdo. « C'est pas le style local, ça, tu sais, Didier... Vous cherchez systématiquement la petite bête... » Ou : « Je t'appelle pour te dire que ton édito sur l'Administration a fortement déplu au ministre d'État... » Ou : « Vous êtes en train de vous tirer la bourre avec *L'Observateur de Monaco*, vous peignez tout en noir, c'est pas du boulot... » Ce qu'il y a de rassurant chez Chantrait, c'est qu'il a le sens de la symétrie. Ma consœur de *L'Observateur* a été soumise au même régime. Et aux mêmes colères. Car, quand on l'envoie balader, Chantrait se met en rogne, il grogne, il menace, c'est la principauté toute-puissante, l'ensemble des ministres qui parlent par sa voix !

Un cran au-dessous, la communication du Conseil national, le Parlement monégasque, est centralisée autour de Stéphane Valeri. C'est une des singularités de la principauté et des conseilleurs nationaux, qui ont laissé faire : Valeri est un trou noir qui aspire toutes les représentations, tous les honneurs, toutes les interviews. Pour l'épauler, il dispose d'une petite meute assez dévouée et d'un conseil en communication, dont la rémunération a fait jaser Monaco. On l'a vu : Valeri aime tout régenter et il sait que l'information est le nerf de la guerre, ce qui conditionne sa longévité électorale. Généralement, il donne la même interview en double, pour être sûr d'être lu !

Dans un monde parfait, Valeri serait le seul à répondre aux interviews de sa majorité avec Jean-Michel Cucchi, un médecin radiologue qu'il a placé à la tête de l'Union pour la principauté (UP), sa formation politique. Attentif aux déclarations de ses amis politiques, de moins en moins nombreux et qui, pour la plupart d'entre eux, le détestent, il prend la plume quand ses ennemis l'aiguillonnent. Il n'y a qu'à Monaco que l'on voit ça : la publication de l'interview d'un homme politique provoque systématiquement la réaction épistolaire du parti adverse qui demande alors sa publication au titre d'une sorte de droit de réponse universel. Réactions et contre-réactions se succèdent. Parfois, la réponse à la réponse entraîne une contre-réponse. Le cas le plus caricatural que j'aie vu concernait une interview de Guy Magnan, ultraconservateur, à laquelle Jean-Michel Cucchi, le bras droit de Valeri, a répondu avant que Jean-Paul Proust, ministre d'État, n'intervienne à la demande de Stéphane Valeri pour en remettre une couche ! Journalistiquement, ces diatribes ont leur vertu : comme il ne se passe rien à Monaco, elles permettent de remplir des hebdomadaires qui, faute d'événements, peinent à maintenir une pagination honorable.

Parmi les autres intervenants qui font l'information monégasque, on trouve enfin les deux représentants du patronat, Didier Martini, responsable de la Fédération patronale monégasque, et Étienne Franzi, président de l'Association monégasque des banques. Ces deux personnalités m'ont laissé sur ma faim. Étienne Franzi, tout d'abord. Le patron des banques monégasques est un feu follet. Je ne l'ai jamais rencontré malgré des demandes réitérées. Il a annulé au dernier moment deux interviews sans aucune justification. En douze mois, aucune information émanant de l'Association des banques monégasques ne m'a a été communiquée ! C'est un comble puisque les banques locales, si elles ne sont plus des lessiveuses, ont intérêt à le faire savoir. Lors d'un entretien à l'ambassade de Monaco, quelques mois après mon licenciement, j'ai revu Jean-Luc Allavena, encore en poste. Alors que je m'étonnais une nouvelle fois de cette omerta bancaire, le chef du cabinet princier a précisé : « À Monaco, les banques ont le goût du secret, c'est une tradition. » Manifestement, cette tradition est coriace.

Didier Martini, le patron des patrons monégasques, est un autre cœlacanthe en matière de communication. Cet homme, qui dirige une petite entreprise de peinture, commence invariablement ses phrases par « Au jour d'aujourd'hui... », fait des réponses vagues car il ne

connaît pas toujours ses dossiers, se méfie des journalistes, n'organise jamais de point presse mais accepte, de
temps à autre, de répondre à une interview que la juriste
de la fédération revoit ensuite de fond en comble.
Convaincu qu'il faut boycotter la presse, Didier Martini
a demandé à l'USM, l'Union des syndicats de Monaco,
de ne pas parler aux journalistes durant les négociations
sociales qui se sont engagées en 2005 et qui sont parties
pour durer des années ! Sur tous les sujets en cours de
traitement, bien dans la tradition monégasque, il
demande le silence.

Le problème de Monaco est que les « vrais »
patrons, ceux qui font partie du *top ten* des sociétés
locales, se soucient peu de leur syndicat professionnel.
Un syndicat patronal, pour quoi faire ? Ici, les chefs
d'entreprise, câlinés par l'État, ont les coudées franches
et ils ne sont pas inquiétés par des syndicats à la capacité
de nuisance limitée. Aussi laissent-ils le Barnum social
fonctionner comme s'ils étaient au spectacle avec tous les
problèmes de représentativité qui en découlent.

Silence radio

De toutes les erreurs de communication gouverne-
mentales auxquelles j'ai pu assister lors de mon séjour à
Monaco, celle qui concerne la création d'une radio
monégasque est sans aucun doute la plus caricaturale.

Le grand public l'ignore mais Radio Monte-Carlo, dans laquelle l'État monégasque possède une participation résiduelle d'environ 2 %, n'a plus rien à voir avec la principauté. Au sommet de son audience dans les années 1970 avec RTL, Europe et Sud Radio, RMC était initialement détenue à 83 % par l'État français, via la Sofirad, et à 13 % par la principauté. À cette époque, Monaco rayonnait à travers tous les transistors. C'est l'époque où les animateurs vedettes, de Patrick Roy à Jean-Pierre Foucault, sans oublier Yves Mourousi, se disputaient le micro de la radio. Au début des années 1980, avec l'émergence des radios libres qui mutent très vite en radios FM, l'âge d'or de RMC s'achève. Peu à peu, son audience et son chiffre d'affaires publicitaire déclinent alors que ses frais de structure demeurent élevés. Tant et si bien que l'État français qui, avec Monaco, s'est pourtant payé sur la bête durant plus de cinquante ans, décide de privatiser l'antenne. En 1993, l'immeuble que la radio occupait boulevard Princesse-Charlotte est vendu à l'État monégasque et RMC devient le simple locataire des locaux. Aujourd'hui cet immeuble a été détruit pour laisser la place à un Novotel.

La privatisation proprement dite interviendra à la fin des années 1990, époque où le groupe RMC est démantelé au profit de plusieurs investisseurs, dont Pierre Fabre. Toutefois, RMC est une patate chaude. La radio continue à perdre de l'argent malgré la refonte de ses programmes. Elle est rachetée par NRJ en juillet 2000. Nouveau coup de théâtre quelques mois plus tard : on reproche à NRJ son monopole, qui doit recéder sa proie. Alain Weill, directeur général de NRJ, quitte son poste pour fonder NextRadio en compagnie d'un club d'investisseurs dont l'assureur Claude Bébéar fait notamment partie. Ce petit groupe se porte acquéreur de RMC en promettant aux Monégasques de préserver l'emploi local. Cet engagement restera lettre morte. Alain Weill repositionne l'antenne sur un format « infos » et « *talks* » populaires. Rebaptisée RMC Info en 2001, la station tourne alors définitivement le dos à son passé sudiste, sans que l'État monégasque qui a suivi tous les processus de négociation trouve à y redire. La principauté, en raison de mystérieuses contreparties, acceptera même de voir sa participation dans RMC diluée pour faciliter son introduction en Bourse. Ce sera chose faite en octobre 2005, via NextRadio TV, un holding qui contrôle aussi BFM Radio et BFM TV. Avec le succès de cette introduction, Monaco perd définitivement « son » antenne. D'où l'idée de recréer de toutes pièces, à la demande du Conseil national, une nouvelle station monégasque.

Je me souviens encore de ma première visite à Franck Biancheri, le conseiller aux Finances du gouvernement Proust, qui avait en charge ce dossier. Tranquille comme Baptiste, il m'annonçait, dès la fin 2005, que le

LE ROYAUME DU SILENCE | 75

projet était sur les rails. Selon le montage initial, l'État monégasque détiendrait environ 20 % du capital de la future Radio Monaco, en compagnie d'autres partenaires dont Gildo Pastor et Fabrice Larue, ex-PDG de Radio Nostalgie, de Radio Classique et du quotidien financier *La Tribune*.

« Ces deux investisseurs constitueront le noyau dur de la radio avec des partenaires locaux et je pense que nous pourrons commencer à émettre en juin 2006 », me confirmait Franck Biancheri. Quelques semaines plus tard, Jean-Paul Proust enfonçait le clou : « Nous voulons une véritable radio régionale. À terme, Radio Monaco couvrira la zone allant du Var à San Remo. »

C'est durant l'hiver et le printemps 2006 que le lancement de Radio Monaco a pris du plomb dans l'aile. Oh, bien sûr, pas de démenti officiel. Mais des réponses de plus en plus floues, y compris en provenance du centre de presse, pourtant étroitement associé au projet. De même, les réunions entre les investisseurs pressentis se sont espacées, pour s'interrompre complètement après une ultime pantalonnade au siège du gouvernement : « Un jour, fulmine un des participants, nous avons tous été conviés à un tour de table que la majorité des convives, retardée par des intempéries, a rejoint avec une heure de retard. Finalement, la réunion a été bâclée en cinq minutes et elle n'a débouché sur rien. Un vrai bordel ! » La raison de ce black-out est simple : lorsqu'il a

annoncé le lancement de Radio Monaco, le gouvernement avait tout bonnement oublié qu'il n'avait pas de
fréquence libre ! En janvier 2006, Jean-Paul Proust
essayait de se rattraper aux branches en précisant :
« Nous travaillons avec un grand opérateur national,
RMC, qui pourrait nous fournir une fréquence et nous
faire bénéficier d'un certain nombre d'émissions nationales. » Puis d'ajouter : « RMC ne vient pas à contrecœur, comme on le dit parfois, même si elle a laissé un
souvenir d'amertume à Monaco. » Effectivement, le
retour de RMC ne s'est pas effectué à contrecœur
puisqu'il ne s'est pas produit du tout. Le pire, c'est que
Monaco est piégé par son imprévoyance. En effet, dans
les années 1994-1995, la société a regroupé ses
fréquences grandes ondes et FM dans Monte-Carlo
Radiodiffusion (MCR), dans laquelle elle a fait entrer
Télédiffusion de France (TDF). Il y avait évidemment
une chausse-trape : en vendant 80 % du capital de MCR
à TDF, Monaco s'est engagé à concéder un droit d'utilisation des fréquences que gère MCR. Du coup, toutes
ont été louées et le Rocher ne peut pas en récupérer une
pour installer sa propre antenne ! Si elle voit le jour,
Radio Monaco sera donc hébergée, dans un premier
temps en tout cas, sur une fréquence amie (RMC ?) et
son existence se résumera à des décrochages ponctuels.
On est décidément bien loin des heures de gloire de
RMC...

Chapitre 3

UNE DÉMOCRATIE D'OPÉRETTE

Le système parlementaire monégasque repose sur un subterfuge : les vingt-quatre députés locaux ne représentent que les huit mille citoyens monégasques. Le compte est simple : la principauté abritant une population d'environ trente-deux mille habitants, le Parlement local ne représente donc que 20 % de la population. Cette absence de représentativité est-elle un vrai problème ? L'immense majorité des résidents, c'est-à-dire les personnes qui habitent la principauté sans être de nationalité monégasque, se contrefiche du Parlement monégasque et de la vie politique locale. Ils considèrent moins Monaco comme une patrie d'adoption que comme une enclave au système politique et fiscal intangible. Ce sont les banquiers qui défendent leurs intérêts, pas les conseillers nationaux. Par conséquent, les pérégrinations électives les laissent de marbre. La seule chose qui préoccupe ces résidents est le niveau de sécurité garanti par la police monégasque. Ce niveau est très élevé. Détail : à Monaco, où se concentre un parc de voitures de luxe équivalant à celui de Dubaï, on peut garer une Aston Martin dans la rue sans qu'elle soit vandalisée ou volée. Durant mon séjour dans la principauté, j'ai régulièrement arpenté une rue où stationnait une superbe Rolls-Royce décapotable des années 1940, immatriculée en Belgique. Cette voiture bougeait rarement. Elle n'a jamais été rayée et sa capote est restée intacte, ce qui donne à la fois une bonne idée de la « mentalité » locale et du contraste qui existe avec la France. Même tableau pour la sécurité des personnes : on croise des femmes élégantes, couvertes de bijoux, qui se promènent dans la rue à 3 heures du matin sans avoir peur. Aussi longtemps que cette situation durera, les résidents étrangers éliront domicile dans la principauté en se fichant totalement de la couleur politique du Parlement. La garantie de stabilité offerte par la monarchie leur suffit.

Quelle que soit la majorité en place, la couleur politique de ce Parlement change d'ailleurs assez peu. On passe du bleu roi au bleu ciel. Les élections de 2003 ont mis en place une majorité de droite à la place d'une majorité ultraconservatrice. La nuance a son importance, mais les programmes des deux formations avaient au moins un point commun : leur xénophobie. Les tribuns locaux se soucient uniquement des Monégasques de sang avec une rhétorique qui n'est pas sans évoquer celle du Front national. « Il n'y a pas besoin d'être au Front national pour défendre ces thèmes ; chaque pays essaie de défendre ses spécificités tout en ayant un esprit d'ouverture », objecte Claude Boisson, ex-vice-président du Conseil national. « Nous ne sommes pas xénophobes, nous sommes une petite minorité et il est normal que nous nous serrions les coudes », renchérit Jean-Luc Allavena.

Reste que les élus, qu'ils appartiennent à l'Union nationale et démocratique (UND), aujourd'hui dans l'opposition, ou à l'Union pour Monaco (UPM), majoritaire, ne se soucient que de leurs frères de sang, jamais assez chéris, jamais assez choyés. Le reste des résidents étrangers, qui ne votent pas, sont considérés comme des occupants de second rang, des métèques, au sens grec du terme. Quant aux « enfants du pays », les résidents qui sont nés en principauté sans avoir la citoyenneté monégasque, ils sont à peine mieux considérés. Ils n'ont d'ailleurs droit à rien. Et cela va continuer car aucune libéralisation permettant d'obtenir plus aisément la nationalité n'est à l'ordre du jour. Bien au contraire. Que tous ceux qui rêveraient d'obtenir un passeport monégasque pour ne plus payer d'impôts déchantent ! Le droit du sang est une frontière difficile à contourner. Les Monégasques se reproduisent uniquement entre eux. Jusqu'à une date récente, seule la filiation paternelle – transmission de la nationalité du père à l'enfant – était automatique. Depuis 2003, ce privilège a, sous certaines conditions, été élargi aux femmes de nationalité monégasque. Il n'y a rien ou pas grand-chose à espérer en se mariant. L'épouse d'un Monégasque ne peut obtenir la nationalité du mari qu'en activant un droit d'option à l'issue d'une période de cinq ans de mariage et « à condition que la communauté de vie entre les époux soit effective », ce qui permet d'éviter les mariages blancs. Quant au malheureux époux d'une ressortissante monégasque, rien ne lui confère le droit d'acquérir la nationalité monégasque. Étranger il est, étranger il restera. Son seul recours est la naturalisation, laquelle relève du pouvoir discrétionnaire du prince qui la réserve généralement aux VIP des affaires, de la finance... ou du sport. Ainsi, David Tomatis, un géant de deux mètres, est devenu monégasque grâce à son talent de pousseur dans l'équipe de bobsleigh du prince Albert, engagée dans plusieurs JO dont ceux de Lillehammer.

Tant de protectionnisme génétique est dicté par l'égoïsme. Car seuls les Monégasques profitent de la manne nationale. La discrimination s'y pratique ouvertement, même si le pays est membre du Conseil de l'Europe.

Bien que les chiffres soient difficiles à obtenir, les sujets du prince Albert sont parmi les mieux lotis de la planète. Ils ne paient pas d'impôt sur le revenu, pas d'impôts locaux et les droits de succession en ligne directe sont inexistants. On estime que le bilan des aides publiques qui leur sont réservées dépasse plusieurs dizaines de milliers d'euros, dont 8,5 millions pour l'aide au logement et 2 millions versés aux étudiants sous forme de bourses d'études. Rapportée aux huit mille « nationaux », cette providence financière explique pourquoi il n'existe pas de Monégasque pauvre. Et si peu de chômeurs : la principauté pratique une discrimination positive en faveur des nationaux qui profitent d'une priorité d'embauche. La majorité des hommes et des femmes en âge de travailler étant absorbée par l'État (Administration) ou les entreprises gravitant dans son orbite (SBM, etc.), les « travailleurs » restant sur le carreau sont rares. Même les bras cassés sont recyclés dans les services des parkings, des jardins, etc. « La garantie du droit à l'emploi pour les nationaux dans leur pays est tout à fait légitime, estime Betty Tambuscio, secrétaire générale adjointe de l'Union des syndicats de Monaco. En revanche, la réservation d'emplois pour les nationaux, synonyme de précarité pour tous les autres, et l'existence de statuts sociaux discriminatoires entre nationaux et non-nationaux, fleurant l'"apartheid", sont anticonstitutionnels et non conformes à la Convention européenne des droits de l'homme. »

Toujours plus : les élections de 2003 se sont jouées sur la promesse de chérir encore plus la population dorée sur tranche constituée par les sujets du prince. Les candidats de l'UPM, le parti au pouvoir, ont notamment promis la construction de plus de huit cents logements destinés à héberger les familles monégasques à des conditions préférentielles. À la demande du Conseil national, l'État a donc lancé la construction d'immeubles domaniaux, dont une partie (zone A et Minerve) a été confiée au promoteur Antonio Caroli, proche de l'actuelle majorité parlementaire, et les autres à Engeco (Aureglia-Grimaldi) et à Patrice Pastor (Casteleretto). Achevés vers la mi-2008, ces immeubles, bien situés puisque certains font face à la mer, seront ensuite loués aux citoyens monégasques au prix HLM monégasque, c'est-à-dire à des conditions de dumping.

Dumping car, à Monaco, le prix des locations est le double de celui des grandes villes françaises, déjà chères. Il faut, par exemple, compter 1 500 euros pour un petit studio et environ 2 000 euros pour un petit deux-pièces, pas forcément bien placé. Afin de permettre aux Monégasques de préserver leur niveau de vie, l'État a prévu de les loger grâce à des loyers modérés et à l'octroi d'une aide nationale au logement (ANL) si leur loyer dépasse 20 % de leurs revenus. Mais ce n'est toujours pas assez :

préparant les prochaines élections, les partis politiques ont poussé le bouchon un peu plus loin. Ils reprennent une idée expérimentée dans les années 1980 et demandent que ces locataires puissent devenir propriétaires des logements qu'ils occupent. Le coût du foncier étant prohibitif à Monaco, l'État va finalement faire un « geste » significatif en proposant aux Monégasques d'acquérir un droit d'habitation qui leur permettra de payer le mètre carré entre 3 000 à 5 000 euros, alors qu'à qualité de bien comparable, il peut atteindre plus de 25 000 euros dans le privé. Un projet de loi a d'ailleurs été déposé par le gouvernement de Jean-Paul Proust en décembre 2006. Pour justifier cet écart de prix, un distinguo juridique serait opéré entre la nue-propriété (les murs) qui resteraient propriété de l'État, et la jouissance (le droit d'occupation) qui serait vendue aux Monégasques. Naturellement, les banques locales seront sollicitées afin de permettre aux nationaux de profiter de conditions de financement « patriotiques ». Ce système, proposé par l'UPM, fera l'objet d'une surenchère d'ici les prochaines élections législatives, prévues en 2008.

La haine

Le monde politique monégasque est partagé par une double ligne de démarcation. La première oppose l'ancienne (UND) et la nouvelle majorité (UPM). La seconde oppose les différentes composantes du parti au pouvoir.

La première ligne de fracture dresse essentiellement deux hommes l'un contre l'autre : Guy Magnan, président du Rassemblement pour Monaco (RPM), une formation ultraréactionnaire qui, avant 2003, sous l'étiquette UND, régenta Monaco durant plus de quarante ans. Face à lui Stéphane Valeri, président du Conseil national, leader de l'UPM, qui remporta les élections législatives de 2003 en raflant vingt et un des vingt-quatre sièges que compte le Parlement.

Au cours de mon année de présence à Monaco, j'ai fréquenté tous les pions de l'échiquier politique. Ma conclusion est que la vie politique locale se caractérise par une haine sans partage. Tous les acteurs se vouent aux gémonies. Cette hargne est plus forte qu'ailleurs, inextinguible. « Ce phénomène est relativement récent, observe Bernard Vatrican. Avant, on s'engueulait puis on se réconciliait. Mais, avant, nous avions un personnel politique de valeur (…). Lui ont succédé des nains jaloux les uns des autres. Il faut réduire les enjeux du pouvoir – honneurs et argent –, mettre fin à l'affairisme. Si nos politiciens avaient en vue, avant leur intérêt personnel ou partisan, celui du pays, ils se détesteraient moins… »

Ce regain d'acrimonie est aussi lié au fait que tout le monde pense à l'unisson. Fondés sur la défense des nationaux et l'exaltation de l'identité nationale, les programmes des différentes formations sont finalement proches, les débats d'idées rarissimes. Aussi, les conflits tournent-ils très vite en oppositions *ad hominem*.

Ces antagonismes sont envenimés par la promiscuité : Monaco est un microcosme. Tous les notables se connaissent depuis l'enfance. Le bac en poche, les plus doués filent à l'étranger pour poursuivre leurs études et y faire carrière. Par défaut, la politique monégasque revient donc à ceux qui, par choix ou par incapacité, n'ont pas bougé de Monaco. Au fil des ans, ces gens apprennent à se connaître et à se détester. Ils savent tout les uns des autres, des affaires de coucherie à l'état de leur fortune. Ils se jalousent, se détestent, veulent tous les mêmes postes et s'entre-tuent dès qu'ils en ont l'occasion.

Entre Guy Magnan et Stéphane Valeri, ce n'est un secret pour personne, le courant ne passe pas. Tout les oppose. Le physique, d'abord : Valeri est petit, perruqué, et il porte des costumes mal taillés. Alors que Magnan, plus long, affiche sa calvitie, des chemises brodées et des complets de bon faiseur. Psychologiquement, ensuite. Valeri est incroyablement véloce, bon orateur, alors que Magnan, moins présent, pèse ses mots et parle comme s'il était au perchoir. Enfin, affront suprême, l'un, Magnan, est privé de mandat électif après avoir siégé durant plus de vingt ans, alors que l'autre, Valeri, président du Conseil national, truste tous les honneurs, dont celui de voir de temps en temps, affirme-t-il, le prince en privé…

L'opposition entre les deux hommes, qu'une génération sépare, s'est creusée il y a plus de deux décennies. D'abord alliés, ils ont sorti leurs revolvers lors du déclenchement d'une affaire qui a pris la proportion d'un raz-de-marée en démontrant que le blanchiment d'argent est bien le talon d'Achille de la principauté.

Tout commence autour d'un tapis vert. Informé de malversations financières, un groupe de réformateurs, conduit par Valeri, demande au gouvernement monégasque d'enquêter sur une affaire de blanchiment d'argent sale qui se déroule dans l'enceinte du casino de Monte-Carlo, propriété de la Société des bains de mer et donc de la principauté. Théoriquement, l'affaire ne doit pas s'ébruiter. À Monaco plus qu'ailleurs, on préfère laver le linge sale en famille. Seulement voilà, une copie de la lettre que les réformateurs ont adressée au gouvernement est anonymement envoyée au *Canard enchaîné*. L'hebdomadaire en fait immédiatement ses choux gras : « Le prince Rainier invité à nettoyer les tapis verts du casino de Monte-Carlo », titre le journal satirique dans son édition du 11 mai 1994, en reproduisant des passages du courrier secret : « Compte tenu de la gravité des événements relatés, il serait bon de s'interroger sur l'existence d'éventuels délits réprimés par les récentes lois sur le blanchiment. »

Ce blanchiment est réalisé avec l'intervention d'« agents prêteurs » qui introduisent au casino des joueurs auxquels ils remettent du cash, aussitôt échangé contre des piles de « plaques ». L'astuce consiste à ne jouer qu'une infime partie de ces sommes, puis de retourner à la caisse pour échanger des jetons contre de l'argent propre. Des dizaines de milliers d'euros douteux sont ainsi blanchis grâce à cette technique.

Sur le Rocher, cette révélation fait l'effet d'une explosion atomique et, paradoxalement, Monaco condamne ceux par qui le scandale est arrivé. Seul Valeri se rebiffe. Cet entêtement déplaît et lui vaudra une longue période de quarantaine.

Entre 1998 et 2003, les amis ultraconservateurs de Guy Magnan contrôlent tous les rouages du Parlement. Lors des élections de 2003 qui, comme l'impose le Conseil de l'Europe, comprennent une dose de proportionnelle, les deux camps se font face. C'est la foire d'empoigne. « Durant des mois, la campagne a été terrible, les invectives volaient bas, les conservateurs s'accrochaient au pouvoir comme une moule à son rocher, et la position du palais, alors occupé par Rainier III, manquait de lisibilité », se souvient l'un des principaux acteurs de la campagne. Au final, le résultat est sans appel. Le scrutin, qui a mobilisé 80 % des six mille électeurs monégasques, donne la majorité absolue à Valeri et à l'un de ses amis, Claude Boisson l'autre leader, et René Giordano, étant battu. C'est la victoire des quadras, la première alternance depuis près d'un demi-siècle. La plupart des conservateurs, dont Guy Magnan qui a siégé sans discontinuité depuis 1978, perdent leurs sièges. Au final, il n'y aura que trois rescapés. Une ligne de démarcation sépare dorénavant la droite molle et la droite dure. Depuis, elle n'a cessé de grandir et la perspective des élections de 2008 va encore l'élargir.

Majorité fissurée

À cette première ligne de démarcation politique, naturelle, s'en ajoute une seconde, puisque le clan des Modernes, la majorité issue des élections de 2003, s'est fissuré. Les anciens amis d'hier ont fini par se haïr. Valeri est devenu un objet d'aversion pour Claude Boisson et René Giordano.

Cette haine collatérale est la grande faiblesse du président du Conseil national. Qu'il soit détesté par ses adversaires politiques est normal. Mais qu'il soit haï par ses propres alliés à un tel degré d'intensité l'est moins. Pour faire bref, ses « alliés » lui reprochent son arrivisme, ses méthodes autocratiques et de ne pas avoir respecté les engagements politiques du pacte UPM. Certains le jugent même dangereux pour la démocratie tant son énergie est grande et sa volonté de tout contrôler féroce. Habile toujours, hautain quand il le faut, hâbleur, c'est une seconde nature, Valeri est monté sur des ressorts. Il suffit de le voir prendre la parole en public, droit comme un I afin de gagner quelques centimètres, pour comprendre qu'il se façonne une stature de futur ministre d'État. Même dans l'intimité, il a un discours de campagne, itératif, ce qui le rend fatigant. Pour pêcher un électeur, il est capable de se lever en pleine nuit. Le pouvoir l'enivre plus que le reste et, pour l'obtenir, il est prêt à tout. Ses détracteurs insistent souvent sur le fait qu'il déteste maladivement ceux qui peuvent lui faire de l'ombre. « Quand on lui refuse quelque chose, Stéphane est capable de tout, il vous isole et il vous asphyxie », assure un de ses proches, admiratif.

Giordano ne fait pas mystère de son ressentiment contre Valeri. Cet ancien prof de philo, que certains surnomment « Tout pour ma gueule », peut susciter des relations allergiques. Quand je citais son nom devant Antonio Caroli, le propriétaire de l'hebdomadaire dans lequel je travaillais, ce dernier, généralement peu expressif, ne pouvait réprimer une expression de dépit. « Méfiez-vous, commentait-il chaque fois, c'est un marxiste ! » L'a-t-il vraiment été ? Au moment où il a créé le Parti socialiste monégasque, sabordé depuis lors, peut-être. Peu importe. Aujourd'hui, richissime depuis qu'il a, selon son propre aveu, hérité d'une tante prospère, Giordano roule en Porsche Cayenne tout en défendant encore des thèses progressistes : « Valeri n'a pas de conscience sociale, affirme-t-il, c'est un simple opportuniste ; un jour, il sera dévoré par sa propre ambition, vous verrez... » D'ici là, le président du Conseil national préside et Giordano qui, en plaquant la majorité, a perdu beaucoup de sa lisibilité politique, s'oppose.

Claude Boisson, l'autre allié initial de Valeri, a également tourné le dos à son ancien colistier en septembre 2006. Là aussi, la personnalité du président du Conseil national, dont la tendance à cannibaliser le pouvoir laisse ses partenaires sur leur faim, a été le détonateur de la crise. S'y ajoute le fait que Boisson, la cinquantaine, droit dans ses bottes, issu du monde associatif et dont les convictions humanistes sont réelles, a des principes avec lesquels il ne transige pas. Lors de sa réélection en tant que vice-président du Conseil national, il avait prévenu : « Je ne serai jamais un vice-président potiche, je conserverai au sein de la majorité ma liberté d'expression et d'action. » Il a tenu parole. Sa démission a été précipitée, m'a-t-il confié, à cause de la publication d'un audit sur les dépenses engagées par Stéphane Valeri pour rémunérer l'activité de son conseil en communication, affaire qui, on l'a vu, a débouché sur l'ouverture d'une information judiciaire avec des auditions toujours en cours en février 2007. Ses conclusions, on l'espère, devraient être connues avant la tenue des législatives de 2008. D'ici là, comment les principaux leaders des courants politiques – Boisson, Giordano, Magnan, Pasquier-Ciulla – désormais opposés avec détermination à Valeri, se positionneront sur l'échiquier politique ? Va-t-on assister à un vaste mouvement de rassemblement des amis et ennemis d'hier, pour capter plus de 50 % de l'électorat ? À Monaco, tout est possible !

Jeu de rôle

Tout au sommet de l'échelle législative, Stéphane Valeri doit traiter avec une opposition qui le hait, une majorité disloquée et un gouvernement qui essaie de le freiner. Mais il a le dos large et un bon punching-ball en la personne de Jean-Paul Proust, ministre d'État.

Durant mon séjour à Monaco, j'ai été impressionné par le jeu de duettiste des deux hommes, notamment dans le cadre des séances du Conseil national. Il faut voir la façon dont l'hémicycle fonctionne avec un Valeri qui, selon la stratégie du moment, éteint ou attise la vindicte des conseillers nationaux et un Proust qui évite les missiles ou en envoie, pour se rendre compte que les deux hommes savent qu'il ne faut pas aller trop loin. La seule fois où j'ai vu Proust furieux, c'est lorsqu'il s'était fait alpaguer avec verdeur par deux conseillers nationaux. Ce jour-là, boudeur, il a préféré rentrer chez lui au moment de la suspension de séance plutôt que de casser la croûte avec les parlementaires et les journalistes locaux qui, un verre de vin à la main, bombinent autour des députés dans l'espoir de gratter un peu d'info. Généralement, les débats se déroulent sans violence. Chacun joue son rôle avec modération. Celui de Stéphane Valeri consiste à pousser le maximum de dossiers pour satisfaire les électeurs. Celui de Jean-Paul Proust à freiner ou à interpréter les demandes de nature à assécher le budget de l'État dont le vote annuel fait l'objet d'arbitrages assez âpres. Avec l'arrivée de Jean-Luc Allavena à la direction du cabinet princier, le jeu du pouvoir s'est singulièrement compliqué. Mais la surenchère populiste n'est pas près de s'arrêter.

Chapitre 4

UNE *CASH ECONOMY*

À Monaco, le cash coule à flots. Des distributeurs de billets d'où les passants retirent des liasses sans craindre de se les faire arracher. De la poche de ces vingt-quatre parlementaires monégasques à qui l'État versait, jusqu'en mars 2007, leurs indemnités – 2 200 euros par mois – en liquide ! De celle des entrepreneurs. De la caisse noire des comptables... Bref, ici, c'est « Cashland », le royaume des espèces, bien que l'échange de grosses coupures soit réputé propice au blanchiment d'argent.

Ce comptant continuera encore à vivifier les coulisses de l'économie monégasque durant des lustres : la fiscalité dont profitent les sociétés domiciliées à Monaco est faite pour cela. Peu de gens le savent, mais des milliers d'entreprises ont choisi de s'installer à

Monaco, notamment dans le quartier de Fontvieille, un immense périmètre d'une quarantaine d'hectares de béton gagné sur la mer au milieu des années 1960. C'est dans ce petit Manhattan monégasque qu'est employée la majorité des quarante mille personnes qui viennent travailler chaque jour à Monaco, ces salariés aussi appelés « pendulaires » parce qu'ils font un aller-retour quotidien avec la France, souvent dans des conditions déplorables – embouteillages monstres, trains bondés, etc.

Dans l'univers de Fontvieille, sillonné en permanence par des camions qui s'engouffrent ensuite dans d'immenses zones de fret souterrain où les voies de circulation sont assez larges pour que les semi-remorques puissent se croiser, la majorité des immeubles ont une couleur dominante marron. Et, comme dit la chanson de Nougaro, ces immeubles montent haut. Derrière leurs vitres fumées, on trouve de tout. Entreprises alimentaires, industries pharmaceutiques, fabricants de cosmétiques, imprimeries, mécanique, transformation des plastiques, textile, etc. Au total, près de deux mille sociétés s'entassent dans ce secteur. Elles alimentent une machine économique qui tourne à plein régime comme en témoigne un niveau de chômage proche de zéro.

Monaco ne disposant de sociétés à responsabilité limitée (SARL) que depuis décembre 2006, la plupart des grandes sociétés locales ont un statut de société anonyme monégasque (SAM), forme juridique assez proche de celle des sociétés anonymes françaises. La grosse différence entre les entreprises françaises et leurs homologues monégasques, c'est que les secondes ne paient presque jamais d'impôt sur le bénéfice ! En fait, c'est selon la nature de leur activité et la localisation des opérations qu'elles réalisent que les entreprises sont ou non assujetties à l'impôt sur les sociétés (IS). Les textes officiels précisent que « sont imposables celles qui exercent une activité industrielle ou commerciale et qui réalisent plus de 25 % de leur chiffre d'affaires en dehors de Monaco ». De là, « le bénéfice imposable est établi sous déduction de toutes charges, notamment la rémunération de l'exploitant, des administrateurs ou cadres dirigeants exerçant une activité effective au sein de l'entreprise ».

Cette possibilité de « réduire » le montant des bénéfices imposables (à 33,33 %) en soustrayant la rémunération versée aux administrateurs est une aubaine. « Oui, mais dans certaines limites, précise André Garino, président du Conseil économique et social et, par ailleurs, expert-comptable. À titre d'exemple, la rémunération déductible pourrait être de l'ordre de 1 000 000 d'euros pour un administrateur dirigeant une société réalisant un chiffre d'affaires de 5 250 000 euros. » Cerise sur le gâteau, ces indemnités peuvent être versées aux bénéficiaires en espèces sonnantes et trébuchantes ! Bien sûr, l'État sait que cette évaporation, légale, le prive d'une partie de ses recettes. Mais, si surprenant que cela puisse paraître, il se montre grand seigneur car, contrairement à celui de la France, le budget monégasque n'est pas assis sur les impôts directs mais, avant tout, sur les recettes de la TVA, dont la France lui reverse une quote-part (compte de partage). Le coulage fiscal n'est donc que rarement sanctionné et les sociétés sont habituées à vivre dans un confortable clair-obscur. La plupart rechignent d'ailleurs à communiquer leur chiffre d'affaires et celui de leurs bénéfices à des tiers. Sérieux, André Garino précise : « Nos entreprises ne refusent pas de communiquer. Elles respectent tout d'abord leurs obligations légales, puis communiquent avec discernement. »

Les indemnités perçues au titre des jetons de présence portent sur des dizaines de millions d'euros et les sujets du prince Albert peuvent cumuler sept postes d'administrateur en touchant des indemnités à due proportion. Cette permissivité a quelque chose de para-doxal. D'une main, l'État affirme que les mœurs finan-cières de Monaco sont désormais au-dessus de tout soupçon. De l'autre, il encourage la création de sociétés favorisant l'anonymat comme les fiducies à l'anglo-saxonne, un système qui permet de transférer des biens à un tiers qui les gérera ensuite en toute discrétion. Par ailleurs, Monaco ne se montre pas toujours très regar-dant quant aux clients des innombrables sociétés de gestion, elles-mêmes filiales de mystérieuses sociétés off-shore domiciliées dans des paradis fiscaux, qui fleurissent sur le pavé monégasque. D'un côté, la principauté donne aux instances internationales des signaux positifs dans son engagement contre le blanchiment des capitaux. Et de l'autre, le Rocher permet à des administrateurs de sortir des mallettes remplies de billets de banque.

Ces mallettes, bourrées de coupures de 500 euros, favorisent l'évasion fiscale puisqu'elles peuvent changer de mains sans laisser de trace. Nul n'ignore que certains administrateurs monégasques encaissent, moyennant une commission de 3 à 4 %, le montant de ces jetons pour le reverser à des tiers. Qui sont ces hommes que ces prête-noms dissimulent ? Des Français préférant encaisser du numéraire pour tromper le fisc ? Des mafieux ? Des magouilleurs ? Vraisemblablement, un peu tout ça. Il y a aussi des chefs d'entreprise qui utilisent ces indemnités pour se constituer un volant de cash avec lequel payer des extra ou des heures supplémentaires en échappant aux cotisations sociales. C'est un secret de Polichinelle. Une partie du salaire des ouvriers employés sur les chantiers de construction, dans la restauration, dans les magasins, les emplois de services est versée au black. Implicitement, il y a une sorte de connivence. L'administration monégasque ferme les yeux sur ces pratiques tant qu'elles restent contenues dans une proportion acceptable.

La SBM donne l'exemple

Le versement d'une variable de rémunération au black n'est pas l'apanage exclusif des entreprises privées. L'État donne l'exemple. Il y a à Monaco une entreprise dont l'État détient près de 70 % et qui est cotée à la Bourse de Paris (Eurolist compartiment B) depuis des décennies. C'est la Société des bains de mer (SBM). Elle réalise les deux tiers de son activité avec les jeux de casino et le solde dans l'hôtellerie. Savoir s'il est normal qu'un État soit à la tête d'un tripot ne fait pas débat à Monaco. Le casino où un archiduc russe, ruiné, se faisait parfois sauter la cervelle au XIXᵉ siècle est considéré comme un des joyaux de la couronne. Il suffit de se balader dans les salles dorées du casino pour se rendre compte que la tradition y est préservée. Les lieux ont conservé leur prestige d'antan. Ici pas de béton mais du bois, de la retenue et des gens élégants. Quand on marche, le parquet ne craque pas, il gémit. Un soir que je me promenais entre les tables, on m'a fait sentir que le fait de ne pas porter de cravate était une faute de goût. Aucun moyen n'est négligé pour attirer les touristes fortunés et des stars de renom si utiles pour l'aura de la principauté. Afin de convaincre ce gotha social, la SBM utilise des professionnels dont le rôle est de démarcher les « grands » joueurs répartis à travers la planète. Il existe même un rating qui les classe selon la taille de leur fortune et les garanties qu'ils offrent. Lorsqu'ils viennent à Monaco, le casino met à leur disposition une chambre ou une suite selon le niveau de dépenses de jeu escompté ainsi que des bouteilles de champagne, des grands crus, etc. Tout est négocié d'avance. Certains de ces touristes haut de gamme qui veulent passer incognito utilisent un subterfuge pour se rendre de l'Hôtel de Paris au casino sans être vus par les photographes : ils empruntent un souterrain qui passe sous la chaussée et relie l'hôtel et le casino, distants de quelques centaines de mètres. Ce souterrain, réservé aux VIP, débouche sur des salons privé où l'on peut, ensuite, se ruiner en toute discrétion.

Défendue bec et ongles par le palais, la SBM a dégagé un résultat opérationnel de 55 millions d'euros pour l'exercice 2005-2006. Mais quand on regarde dans les coulisses, on se rend compte que, selon *Monaco Hebdo*, cette vieille dame est aussi une société qui verse du black à son personnel.

Depuis les années 1940, il est de tradition que 30 % des pourboires que les clients laissent aux jeux européens (roulette, etc.) soient reversés aux administratifs de l'entreprise, environ quatre cents personnes, parmi lesquelles, contrairement aux emplois du casino et des hôtels trustés par les Monégasques, on trouve de nombreux Français. Cet argent a une double destination. Une partie est servie en toute légalité, au prorata du salaire. Et une autre, discrètement, est distribuée au black, à la tête du client. La clé de répartition est d'environ 60 % pour le « légal » et 40 % pour un numéraire que les bénéficiaires surnomment « parts B ». B comme black !

Il est évidemment impossible de savoir combien de dizaines de milliers d'euros sont ainsi distribués chaque année mais, selon certaines sources, cette gratification pourrait atteindre 30 000 euros pour les plus chanceux. Après la clôture des comptes, les bénéficiaires sont contactés par téléphone. Ils descendent alors sous le casino et se retrouvent près de la caisse, à la queue leu leu, pour toucher leur enveloppe. Bien que ces pratiques aient été révélées par voie de presse, rien ne change. Circulez, y a rien à voir ! Le palais cille et le Conseil national ferme les yeux. Rien de plus. « Personne n'a la volonté réelle de mettre fin à ces pratiques, confessait Guy Magnan, principal tribun de l'opposition, dans une interview publiée par *Monaco Hebdo*. On a souvent confondu les considérations politiques avec les règles de saine gestion. Aujourd'hui, il faudrait faire en sorte que la SBM soit gérée comme n'importe quelle société privée sans qu'interfèrent les considérations politiques. » Ce qu'il y a d'extraordinaire, c'est que ces préconisations de bonne gouvernance ne concernent pas une société monégasque de second rang mais une entreprise cotée à la Bourse de Paris et qui a réalisé 354 millions d'euros de chiffre d'affaires pour l'exercice 2005-2006. Reste que, si elle milite pour la clarté, l'ancienne majorité parlementaire à laquelle Guy Magnan appartient n'a pas non plus brillé par sa transparence durant les décennies qu'elle a passées au pouvoir.

En principauté, la SBM, c'est une véritable vache à lait sous le pis de laquelle beaucoup de Monégasques sont placés dès lors qu'ils sont en âge de travailler. Plutôt que de partir à l'étranger pour faire des études, beaucoup d'entre eux préfèrent entrer à la SBM comme croupier, ce qui leur garantira *ad vitam aeternam* un revenu mensuel d'environ 10 000 euros !

Pendant des années, l'ancienne majorité, ultraconservatrice, a placé ses proches et leurs fils à la SBM en veillant à ce que leurs salaires progressent régulièrement. Ce clientélisme continue. Depuis qu'il a pris les rênes du Conseil national, Valeri n'a cessé de parachuter des gens à lui, affirme l'opposition. À tel point que ceux qui sont réputés proches de l'ancienne majorité seraient maintenant discriminés. « J'ai des preuves que ceux qui souhaitent avancer dans leur carrière doivent s'encarter à l'Union pour la principauté », le parti de Stéphane Valeri, affirme Guy Magnan. Et le même de railler l'actuelle majorité, au prétexte que la dépolitisation de la SBM figurait parmi ses promesses électorales. Comme quoi, à Monaco comme ailleurs, la parole donnée n'engage que ceux qui y croient.

Décor de théâtre

L'ensemble des banques monégasques manquent singulièrement de relief par rapport à d'autres paradis fiscaux comme la Suisse ou le Luxembourg. Une réforme législative portant sur la gestion des portefeuilles et celle des fonds communs de placement a bien été lancée pour renforcer le poids de la principauté. Et, à terme, Monaco annonce le lancement de produits financiers innovants et sophistiqués. Mais pour l'instant, la finance monégasque est une simple vitrine. Non pas que les coffres-forts soient vides. Bien au contraire : en 2005, ils contenaient la bagatelle de 70 milliards d'euros. Monaco est une grande place forte vers laquelle les nantis de la planète expatrient discrètement des capitaux pour échapper à la fiscalité de leur pays d'origine. Des virements en provenance de tous les pays du monde, à commencer par l'Italie, la Grande-Bretagne, les pays nordiques et, depuis peu, la Russie, parviennent tous les jours aux guichets des enseignes monégasques.

Les sommes phénoménales qui arrivent à Monaco ne font qu'y séjourner. Car la principauté n'est qu'un décor de théâtre. Faute de Bourse locale et de compétences suffisantes, les capitaux que drainent la quarantaine d'enseignes de la principauté sont généralement transférés en Suisse ou au Royaume-Uni pour y être placés. Les calculettes monégasques sont utilisées par des mains molles. Aucun ténor de la finance internationale ne vit à Monaco. Afin d'attirer de grands gestionnaires, le pays souhaite lancer une campagne de séduction vers Londres en insistant notamment sur sa fiscalité avenante et sa qualité de vie. Mais là aussi, la rigueur fait défaut et ces recrutements plus fantasmés qu'envisagés mettront du temps à se concrétiser. Tout comme ce projet de création d'une Bourse basée à Monaco et où seraient notamment cotées les valeurs du grand arc méditerranéen, Maghreb inclus.

D'ici là, Monaco compte sur sa stabilité politique et sur la discrétion légendaire de ses banques, garantie par la loi, pour conforter ses parts de marché. En principauté, le goût du secret est obsessionnel, jusqu'à en devenir contre-productif. À plusieurs reprises, j'ai essayé de mener une enquête sur les enseignes qui fleurissent un peu partout. BNP-Paribas, HSBC, ABN-Amro, UBS, Dresdner Bank, Banque Mirabaud (au conseil d'administration de laquelle on trouve notamment Stéphane Valeri) : toutes les « bonnes » maisons sont représentées. Mais alors que Londres, Luxembourg ou Genève, qui ont bien compris l'intérêt d'être traités par les médias, acceptent les curieux, Monaco refuse tout contact. Étienne Franzi, patron de l'Association monégasque des banques (AMB) et ancien du Crédit lyonnais, ferme les volets dès qu'il aperçoit un journaliste. Le pire, c'est que ce rideau de fer financier est baissé avec l'accord

implicite du palais qui, malgré mes nombreuses protesta-
tions, n'a jamais fait le moindre geste pour le soulever.

Afin de contourner l'obstacle, j'ai appelé Paris qui
assure le contrôle réglementaire des banques monégasques. J'y ai buté contre le même écueil. Monaco, c'est
la grande muette de la finance. Motus et bouche cousue,
rien ne filtre.

Il suffit de se promener dans Monaco et de regarder
les locaux des banques monégasques pour comprendre
qu'elles chassent exclusivement le haut de gamme.
Accueil discret, salons privés, gestionnaires multi-
lingues : la clientèle retrouve ici des conditions de nature
à préserver son anonymat. Quand on se promène vers la
place du Casino, le secteur où les banques les plus
huppées ont élu domicile, on croise des hommes qui,
malgré une chaleur généralement accablante, portent
d'impeccables complets gris anthracite. Cravatés, ce sont
ces chargés de clientèle qui, dans l'intimité des salons de
réception que compte tout établissement digne de ce
nom, accueillent, rassurent, conseillent les riches
étrangers qui passent à Monaco pour y vider une partie
de leurs poches, trop pleines. En cas de besoin, les
banques n'hésitent pas à faire venir des consultants exté-
rieurs. À l'héliport de Monaco, j'ai croisé un fiscaliste
d'une grande banque française en provenance de
Genève. Il venait achever un montage successoral

compliqué pour des clients italiens passant leur vie entre
Monte-Carlo, les États-Unis et Milan.

Qu'ils soient italiens, scandinaves, russes, anglo-
saxons et, depuis peu, asiatiques, les non-résidents représentent l'essentiel des cent cinquante mille comptes
ouverts à Monaco. Ce bataillon de clients cousus d'or
possèdent plus de 60 % des 70 milliards d'euros qui
étaient placés sur le Rocher au début de l'année 2006.
Médecins, avocats, industriels, héritiers, affairistes...
ceux qui détiennent un chéquier immatriculé à Monaco
y résident rarement. Ils se contentent d'alimenter, par
virements, des comptes qu'ils surveillent à distance, et ne
viennent voir leur gestionnaire qu'une à deux fois dans
l'année. Dans la plupart des cas, ces nantis ne placent
pas toutes leurs billes à Monaco. Zurich, Bermudes,
Luxembourg, îles Cayman : ils répartissent la mise entre
les différents paradis fiscaux afin de diluer les risques.

On l'a vu, Monaco, un temps pointé du doigt par
le FMI, donne des signes de bonne volonté quant à la
lutte contre l'argent sale. Si l'on ne peut que se réjouir de
cette attitude vertueuse, il n'en demeure pas moins que
le travail des banques est compliqué puisque c'est pour
échapper à l'impôt que des milliards d'euros arrivent
chaque année à Monaco. Le Rocher doit donc faire un
distinguo entre les fraudeurs honnêtes et les autres, ce
qui peut prêter à pas mal de casuistique. Comme la
Suisse, Andorre, le Liechtenstein et Saint-Marin,

Monaco applique, depuis 2005, une retenue à la source sur les revenus de l'épargne versée aux résidents d'États membres de l'Union européenne. En clair, la principauté taxe l'argent que de richissimes Européens placent sur le Rocher pour échapper à une fiscalité qu'ils jugent confiscatoire. Mais elle leur garantit l'anonymat. Cette retenue à la source (directive du 3 juin 2004) passera progressivement de 15 % à 35 % entre 2005 et 2011. Comment la principauté de Monaco satisfait-elle à ses obligations sans mécontenter ses clients, notamment transalpins ? La place est-elle assez organisée pour collecter et centraliser effectivement le produit de cette recette ? Joue-t-elle vraiment le jeu ? Des éléments de réponse seront fournis lors de la préparation de la prochaine loi de finances dans laquelle figure le compte spécial où est versé le produit de cette retenue. Car chaque fois que la principauté taxe ces capitaux, elle conserve 25 % des sommes recouvrées, le solde étant reversé aux autorités fiscales du pays d'origine des titulaires des comptes sans que leur identité soit néanmoins dévoilée. Il suffira donc de suivre l'évolution de ce compte spécial pour juger de l'état de motivation du fisc monégasque.

Fonds de réserve

C'est un secret : Monaco a un bas de laine. Il s'appelle « fonds de réserve constitutionnel ». Et toutes

les informations qui circulent à son propos se murmu-
rent, comme si leur diffusion risquait d'ulcérer le palais.
Cette prudence a ses origines dans le règne de Rainier,
paraît-il très regardant sur les informations afférentes à
cette cassette – dont l'existence est pourtant inscrite dans
la Constitution monégasque[1].

Les seules informations officielles qui circulent sur
le fonds concernent son montant – 4 milliards d'euros à
la fin 2006 – et la façon dont son solde évolue d'une
année sur l'autre. Un solde dont le montant est, tour à
tour, brandi, et par l'opposition, et par la majorité. La
première n'ayant de cesse qu'elle ne démontre que les
dépenses somptuaires souhaitées par l'UPM sont
financées en piochant dans ce pécule. Ce que la majorité
dément en arguant du fait que soutirer un peu des
intérêts produits annuellement ne met pas en péril un
capital qui, par le jeu des intérêts, s'arrondit d'une année
sur l'autre.

À l'époque où il était encore conseiller aux
Finances, j'ai demandé à Franck Biancheri de détailler
un peu l'anatomie de cette cagnote. Il m'a fait des
réponses tellement vagues qu'après les avoir lues, je me
demandais si Monaco possédait bien un fonds de

---

1. Laquelle précise que « l'excédent des recettes sur les dépenses, constaté
après l'exécution du budget et la clôture des comptes, est versé à un fonds de réserve
constitutionnel », tandis que « l'excédent des dépenses sur les recettes est couvert par
un prélèvement sur le même compte, décidé par une loi ».

réserve ! Une nouvelle tentative auprès de Jean-Paul Proust, ministre d'État, n'a pas donné grand-chose de plus. Quant à Jean-Luc Allavena, il a botté en touche.

Après de nombreuses tentatives, j'ai finalement trouvé une âme charitable, un banquier, qui m'a fourni tous les chiffres en sa possession. Ceux-ci sont intéressants car ils donnent les proportions exactes du tas d'or sur lequel dorment les Monégasques, ainsi que le nom des différents établissements financiers le gérant. Le montant du fonds atteignait 3,811 milliards d'euros à la fin de l'exercice 2005.

À voir ses performances, tout laisse à penser que ce fonds est mal géré. Malgré une année boursière 2005 très favorable – le CAC 40 a bondi de 23,4 % durant cette période –, la valeur du fonds n'a progressé que de 7,88 % contre 14,18 % en 2004. Pour une bonne part, cette performance s'explique grâce à la plus-value réalisée avec les actions de la SBM qu'il a dans ses soutes. Sans cet appoint, les performances auraient été presque aussi faibles qu'entre 2000 et 2002, exercices de vaches maigres durant lesquels les gains s'étageaient entre 0,32 % et 3,74 % !

Ces mauvais résultats sont-ils la conséquence du manque de directivité du ministère des Finances monégasque ou des banques à qui la gestion du fonds est confiée ? En tête de ces établissements, on trouve le Crédit foncier de Monaco (CFM) qui s'octroie la part du lion, c'est-à-dire 27,5 % de l'ensemble. Cette filiale du Crédit agricole dans laquelle la famille princière détient, dit-on, une modeste participation, est implantée à Monaco depuis 1922. Pour la petite histoire, on relèvera que c'est une autre filiale du Crédit agricole qui a été retenue comme banque conseil dans le cadre du projet d'extension sur la mer, dite « extension du Portier ». Sur la seconde marche du podium est installée une banque française, BNP-Paribas, avec 23,2 % du total. Elle est suivie par une autre enseigne tricolore, la Société générale, qui s'adjuge 15,7 % des fonds gérés. Suivent ensuite deux banques anglo-saxonnes, HSBC (12,2 %) et Barclay's (12,1 %). Et pour finir, bonne dernière avec moins de 10 % des parts de marché, une autre banque locale, la Compagnie monégasque de banque.

Les actifs que l'on trouve dans le fonds sont ventilés en différents postes, exactement comme ceux d'un père de famille qui répartit ses économies en immobilier, actions, etc. La différence, c'est que Monaco est un père de famille dont le patrimoine frôle les 4 milliards d'euros. L'actif disponible, autrement dit les sommes qui seraient immédiatement récupérables en cas de besoin, se monte à 2,4 milliards d'euros.

Le premier secteur dans lequel l'argent des Monégasques est placé, c'est la Bourse. Les valeurs mobilières représentent près de 2 milliards d'euros. À noter que l'or occupe une petite place dans ce patrimoine avec un montant de 79 millions d'euros. En 2005, les plus-values réalisées avec les organismes de placement collectif en valeurs mobilières (OPCVM) du fonds se limitent à 5,6 millions d'euros, ce qui est décevant vu le contexte boursier euphorique. Ce cul-de-sac financier démontre bien qu'il y a un problème de rentabilité des actifs. Un jour ou l'autre, le gouvernement sera forcé de s'en soucier.

Tourisme d'affaires

Le cash ? « L'économie monégasque ne fonctionne pas sur cette pratique. Toutefois, certains paiements peuvent être réalisés en espèces, cet épiphénomène étant identique sur toute la Côte d'Azur et en Ligurie, en raison d'une forte fréquentation touristique et de la présence d'une clientèle internationale occupant des résidences dans cette région », assure André Garino.

À cette aune, l'économie du black a encore de beaux jours devant elle car Monaco fait tout pour développer son industrie touristique. Depuis 1956, date du mariage entre la princesse Grace et le prince Rainier III, la principauté fait les yeux doux au reste du monde. Avant cette date, bien rares étaient les Américains capables de situer le pays sur une carte. Mais avec le « mariage du siècle », Monaco a réalisé une opération marketing aux effets encore perceptibles outre-Atlantique. Tout est fait pour entretenir cette interminable lune de miel. Le prince Albert II, qui parle un anglais impeccable, a fait une partie de ses (courtes) études aux États-Unis. Quelques semaines après les attentats du 11 septembre 2001, il était près de « Ground Zero » et portait une casquette aux couleurs de la bannière américaine pour manifester sa solidarité. Tous les ans, Monaco organise une campagne de publicité à New York en jouant sur son aspect Belle Époque, et la SBM vient de passer un accord avec une chaîne de casinos américaine pour attirer des joueurs yankees sous ses lambris. Une tactique payante : après une chute causée par les attentats du 11 septembre, la fréquentation des Américains a progressé de 37 %. Elle devrait à nouveau être en hausse à l'été 2007 puisque la grande exposition monégasque estivale sera consacrée aux années Grace Kelly, qui reste la meilleure ambassadrice de la principauté outre-Atlantique.

Les Américains ne sont pas seuls à arriver dans la principauté avec les poches pleines de devises. Il suffit de se promener, entre juin et septembre, sur le Rocher, à proximité du palais, pour avoir une idée assez précise de ce que devait être la tour de Babel. Toutes les nationalités se côtoient et les Chinois se mêlent à la foule : en 2006, le prince Albert et Michel Bouquier, le tout-puissant délégué général au tourisme de la principauté, sont allés ouvrir un bureau de représentation à Shanghai pour y vanter la destination Monaco. « Notre objectif est de capter le tourisme haut de gamme en loisirs et d'instaurer notre destination comme un incontournable du marché des *incentives* chinois », expliquait-on alors.

Ce marché des *incentives* et des visites d'affaires est le nouvel Eldorado monégasque. Longtemps, le tourisme local a été centré uniquement sur la clientèle individuelle haut de gamme, mais, depuis l'inauguration en l'an 2000 du Grimaldi Forum, le palais des congrès, la ville s'est mise à courtiser les cadres supérieurs avec un certain succès, notamment les Américains et les Français. En 2006, ce tourisme d'affaires a entraîné près de deux cent mille « nuitées ».

De son côté, le tourisme de loisirs continue à drainer du cash. L'attrait de la principauté, bien qu'il manque probablement une compagne à Albert II pour relancer l'attractivité du pays auprès des midinettes, reste fort. La destination fait même un boom auprès des Britanniques et des Français. Ce tourisme de curiosité n'engendre toutefois que des séjours de courte durée, de deux à cinq jours en moyenne. Inévitable : en raison de sa superficie de timbre-poste, le pays n'offre que des ressources limitées, si on fait exception de ses innombrables boutiques de luxe et de ses voitures rutilantes. Difficile, en outre, d'y profiter du climat. Bien que située en bord de mer, la principauté n'est pas une destination baignade. La plage artificielle du Larvotto, presque entièrement privatisée, est minuscule. Quant aux zones de baignade des hôtels, elles sont totalement inaccessibles au touriste lambda. Monaco n'a donc d'autre choix que de jouer la carte haut de gamme : restauration étoilée, événements culturels… Mais pour tenir ce rang, il faudra que la ville se dote d'une flotte de taxis digne de ce nom. Car lorsque l'on envisage de flâner dans la principauté et d'y passer la soirée, mieux vaut ne pas être sujet aux coups de barre. La ville est en panne de taxis. Les têtes de station sont généralement vides et il est impossible d'arrêter une voiture à la volée en plein jour : le trafic étant perpétuellement congestionné, les chauffeurs (qui pratiquent des tarifs prohibitifs) évitent de marauder.

Pour hausser son chiffre d'affaires tourisme, Monaco vient de renforcer son offre immobilière, avec l'ouverture d'un Novotel (trois étoiles). À terme, le Balmoral, un joli petit palace, sera impitoyablement rasé et une résidence hôtelière haut de gamme appartenant à la SBM érigée à la place. On peut se demander si l'offre de lits locale n'est pas en train de devenir excessive. Début 2006, la Direction de l'expansion monégasque notait d'ailleurs que, malgré une augmentation du nombre de nuitées, le taux de remplissage est en diminution. Et de souligner : « Bien que le nombre de touristes hébergés soit plus important que par le passé, cette hausse n'est pas suffisante eu égard à la nouvelle capacité chambres du Monte-Carlo Bay. » Dernier hôtel de la SBM, ce palace ultramoderne à l'architecture néo-cubique inauguré voilà deux ans ressemble à ce qu'il est : un *resort* posé au bord de l'eau. La question est de savoir si son taux d'occupation se maintiendra car ses fenêtres les mieux situées donnent sur une zone où va démarrer le chantier d'extension sur la mer. Quelle que soit la technique choisie, des millions de mètres cubes de béton vont être coulés à proximité du palace et ces travaux dureront dix ans... Les touristes seront-ils prêts à payer des chambres qui, pour certaines, dépassent 500 euros la nuit, pour voir une dalle de douze hectares sortir de la mer ? Quelle sera la réaction des passagers des bateaux de croisière qui viennent jeter l'ancre près de la gigantesque digue semi-flottante achevée en 2002 sur le port Hercule ? Ce chantier aura-t-il un impact sur la fréquentation globale de Monaco et sa *cash economy* alors que Nice et Cannes lui font une concurrence féroce ? Réponses lorsque l'eau de mer longeant les côtes monégasques commencera à devenir boueuse.

Chapitre 5

UNE ÉCOLOGIE BÉTON

C'est la priorité intellectuelle, peut-être la seule du prince : agir en faveur de l'environnement, via notamment la Fondation Albert-II. Son but : protéger l'environnement et favoriser le développement durable. L'animation de cette fondation, qui se souciera surtout des changements climatiques, de la biodiversité et de l'eau, a été confiée à un des fils du régime, Bernard Fautrier.

Les convictions écolos de ce grand commis de l'État, la soixantaine, qui circule en voiture électrique depuis des années, sont, semble-t-il, sincères. Il aura pour tâche de formaliser l'engagement princier – de lui fournir un contenu car, pour l'instant, les actions

environnementales du souverain se résument à un simple
coup de Ripolin.

« Le grand modèle d'Albert II, c'est Nicolas Hulot,
confie l'un de ses sujets. Pour lui, le mariage du sport et
de l'écologie, c'est l'extase. Il a découvert la possibilité de
s'amuser écolo et il va en profiter. » Le voyage, sponso-
risé par la banque HSBC, que le prince a effectué dans
le Grand Nord en avril 2006 sur les traces de son
trisaïeul Albert Ier, fut l'une de ses récréations écologiques ; l'opportunité d'effectuer quatre jours de balade
en traîneau à chiens, en allant de la station russe flot-
tante de Barneo au pôle Nord pour y brandir le drapeau
monégasque. « Je remercie les six chiens qui ont
composé mon équipage : Charlie, Pyret, Fiona, Nelly,
Edwin et Eros. Ce sont eux les véritables héros de cette
aventure », déclarait modestement le souverain à l'issue
de son périple. Avant de lancer à la face du monde un cri
d'alarme sur les dangers du réchauffement climatique
dont l'écho a surtout résonné dans les colonnes de la
presse monégasque.

Quelque temps auparavant, Albert II, encore sur les
traces de son trisaïeul, avait réalisé une croisière dans
l'Arctique durant laquelle il avait plongé dans l'eau
glacée, revêtu d'une combinaison de survie, pour voir
l'impression que cela faisait. Depuis, il a effectué une
autre plongée, en submersible, puis immergé « Mimo »,
la statue d'un dauphin en béton, dans la réserve marine

du Larvotto. Drôle de lieu pour faire passer un message écolo ! Car s'il est un endroit fédérant tout ce qu'il faut éviter en matière d'environnement, c'est bien le Larvotto.

Toute personne se baignant à Monaco en fera l'expérience : je me souviens encore du choc visuel que j'ai eu en sortant d'une eau où folâtraient quelques méduses. Vu du large, le front de mer ressemble au mur de l'Atlantique. Les seules touches de couleur sont apportées par la structure des immeubles et les stores. La plupart des immeubles caparaçonnant le littoral ont été construits dans les années 1960 par la famille Pastor. De hauteur variable, ils ressemblent à des HLM de luxe et cintrent l'intégralité de la plage, en forme d'arc de cercle. C'est laid, sans aucune recherche architecturale, assez semblable à ce que les promoteurs ont fait du littoral des Pyrénées-Orientales, à la différence qu'ici le mètre carré se négocie parfois plus de 25 000 euros.

Étroite, la plage, presque entièrement privatisée, est située en contrebas d'une voie de circulation à double sens où, l'été, les 4 × 4 de luxe et les grosses limousines créent un embouteillage endémique. Bref, le Larvotto, c'est le prototype même du grand écart écologique. Alors que la principauté multiplie les messages d'alerte sur les méfaits de la pollution, elle oublie que ses rivages ressemblent à une langue de béton baignée par des gaz d'échappement. « Monaco veut fournir un balai écolo à la

planète alors que sa cour est jonchée de détritus »,
résume un conseiller national, peu content d'avoir dû
budgéter plusieurs millions d'euros pour doter la Fondation Albert-II avec de l'argent public alors que le souverain mettait à peine la main à la poche.

Bas-fonds

Nouvelle Terre promise de l'environnement,
Monaco est à l'origine d'une des plus grandes pollutions
marines du XXᵉ siècle. Une pollution dont l'origine pourrait se trouver dans les poubelles du Musée océanographique de Monaco…

C'est en 1982 que le musée se procure la *caulerpa
taxifolia*. Cette algue, d'une magnifique couleur vert
fluo, est introduite dans des aquariums où elle est mise
en culture. A priori, pas grand-chose d'inquiétant car elle
n'est pas urticante et peut être manipulée à main nue. Sa
particularité tient à son incroyable vivacité. Elle se repro-
duit par bouturage. Ce mode de multiplication permet
d'obtenir une nouvelle plante à partir d'un fragment de
pied mère (la bouture). Aussi, suffit-il de transporter
accidentellement un petit morceau de taxifolia, par
exemple avec une ancre marine, pour qu'elle se clone à
l'endroit où elle tombe. Invasive, l'algue est résistante.
Elle est capable de s'adapter à des eaux relativement
froides, de l'ordre de 7 à 8 °C et de s'étendre jusqu'à une

profondeur de cent mètres, sans que les variations de salinité lui soient fatales. Elle peut également survivre dans un environnement pauvre ou pollué.

Au début, le Musée océanographique de Monaco réalisa une culture raisonnée de l'algue. Elle fut cantonnée dans des aquariums, sans contact direct avec le milieu marin. Durant près d'une décennie, la taxifolia se développa ainsi en milieu fermé. Et puis, un jour, se produisit une bévue dont les conséquences continuent de ruiner une partie des fonds méditerranéens. Selon la thèse la plus courante, l'incident serait lié au nettoyage des aquariums dans lesquels l'algue était élevée.

Nous sommes en 1989. C'est le grand ménage au Musée océanographique. Une poubelle d'algues fraîches est extraite d'une vitrine que l'on brique. Les déchets s'accumulent. Qu'en faire ? Une solution expéditive est trouvée. Faute de dépôt d'ordures à proximité immédiate, la poubelle aurait été directement vidée par une fenêtre du musée monégasque. Son contenu tombant, en contrebas, dans la mer, où l'algue ne tardera pas à faire souche !

Selon d'autres sources, l'extension de la taxifolia par ce biais est peu crédible car, tombant de plusieurs dizaines de mètres de haut, les algues auraient chuté sur les rochers sans atteindre la mer. En fait, leur dissémination serait liée à un essai de culture *in vivo*, dans la Méditerranée. De là, l'algue aurait rapidement colonisé les pourtours du musée même si sa progression est moins spectaculaire qu'on pouvait le redouter initialement. Selon un article paru dans *Le Figaro* en août 2005, les surfaces concernées par l'algue s'élevaient, fin 2004, à 8 687 hectares le long des côtes françaises, en progression de 22 % par rapport à l'année précédente. Dorénavant, on retrouve la taxifolia en Croatie, en Espagne, en Italie et sur la bande côtière de certains pays du Maghreb comme la Tunisie.

L'essaimage de la taxifolia est une menace écologique car elle réduit la biodiversité. Elle avance comme un tapis végétal qui recouvre et asphyxie les autres espèces, dont les posidonies, ces plantes typiques aux longues feuilles étroites plurinervées et fibreuses qui forment des herbiers sous-marins. Nul ne sait comment arrêter l'algue tueuse, échappée des cornues monégasques, car elle a peu de prédateurs naturels, à l'exception d'une limace tropicale. C'est une sorte d'*alien* introduit par maladresse dans un milieu où elle n'aurait jamais dû se trouver. De là, elle s'étend, gazonne, sans qu'il soit possible de l'arrêter.

L'introduction de la taxifolia n'est pas la seule bévue écologique que la principauté ait commise avec ses fonds marins. La raréfaction des coraux monégasques en témoigne. En vingt ans, affirment certains spécialistes, 80 % du tombant coralligène a disparu. Cette extinction a été précipitée par la grande vague de chaleur de l'été 2000 qui a, en quelque sorte, fait bouillir les coraux situés à moins de trente mètres de profondeur. Les grands travaux que la principauté a entrepris afin de se doter d'une contre-jetée ont fait le reste. Leur réalisation a entraîné l'aspiration, par un bateau spécialisé, de plusieurs tonnes de vase, ensuite dispersées au large. Bien que des précautions aient été prises lors de cet épandage, une partie des vases ont été mises en suspension, créant un mélange de boue et de particules fines qui aurait bâché les coraux en finissant par les étouffer. Par ailleurs, le corail monégasque souffre de la construction de la nouvelle digue semi-flottante installée sur le port Hercule en 2002.

Cet énorme ouvrage, composé d'une série de caissons flottants assemblés en Italie, a été tracté par voie maritime, puis ancré dans le port afin d'accueillir des paquebots de grande taille. D'où des dimensions exceptionnelles : 352 mètres de long, 28 mètres de large et 19 mètres de profondeur. Le problème, c'est que l'immersion de la digue a provoqué des dégâts écologiques puisqu'elle arrêterait une partie des courants venant de l'ouest, lesquels, chargés de plancton, sont utiles à l'alimentation des coraux.

À terme, les fonds sous-marins de la principauté vont subir une nouvelle intrusion de taille avec la construction de la dalle de douze hectares sur laquelle sera édifié le nouveau quartier du Portier. D'un point de

vue environnemental, cette construction est celle de tous
les risques puisqu'elle est limitrophe de la réserve marine.
Cette réserve d'une cinquantaine d'hectares a été créée
par le prince Rainier au milieu des années 1970. Selon
les plongeurs locaux, c'est un véritable sanctuaire en
termes de faune comme de flore. On y compterait, par
exemple, dix fois plus de poissons que dans les eaux avoisinantes et la biomasse y est beaucoup plus riche. Cette
oasis peut-elle survivre au chantier cyclopéen qui va
s'ouvrir à côté ? « Vous avez là un superbe exemple
d'hypocrisie monégasque, me glisse un parlementaire.
Tout le monde sait que la réserve est foutue. Il est
impossible qu'elle survive à dix ans de travaux. Mais
comme le prince souhaite qu'elle soit préservée, tout le
monde fait mine d'y croire. »

Survivra, survivra pas ? Le prince, qui se présente
comme le chantre de l'environnement, peut difficile-
ment laisser saccager sa réserve nationale sans réagir
préventivement. « Monaco se doit d'être exemplaire et il
le sera », a-t-il martelé en dévoilant en juillet 2006 les
grandes lignes de l'appel d'offres du projet d'extension
sur la mer. Des précautions seront prises pour protéger
cette zone où nage dorénavant « Mimo », le dauphin en
béton. Les entreprises qui couleront la dalle devront
notamment laisser une distance minimale de quinze
mètres entre la base sous-marine des fondations et la
limite de la réserve. De même, les entrepreneurs devront

proposer une méthode de surveillance des écosystèmes afin de s'assurer que l'avancement du chantier ne va pas de pair avec un recul de la vie marine.

Exiger de telles précautions est louable. Mais beaucoup soulignent qu'une fois les travaux commencés il sera impossible de les arrêter même si l'on constate des dégâts collatéraux. « Tout cela est une fumisterie. Au final, face à des dizaines de milliards d'euros d'investissement, l'existence de quelques plants de posidonies ne pèsera pas lourd », prévoit un banquier monégasque impliqué dans le financement du projet. Un connaisseur : ce sont précisément les posidonies qui seront les premières à souffrir du chantier. Pour vivre, ces plantes à fleurs qui poussent jusqu'à quarante mètres de fond ont besoin de lumière. Or, même si les techniques de remblaiement utilisées sur le chantier sont limitées, les travaux ont une probabilité de mettre en suspension des particules fines qui diminueront la luminosité. Fragile, l'herbier, mité par ces zones de pénombre, pourrait donc perdre de sa superficie, plusieurs hectares.

Cette disparition irait de pair avec celle des centaines d'espèces qui nichent près des posidonies. Les algues, mais aussi les animaux vertébrés comme les rougets, les perches de mer ou encore les saupes, ces poissons herbivores dits « hermaphrodites protandriques » car leurs jeunes naissent mâles avant de devenir femelles.

Les invertébrés souffriront également du chantier. La nacre, ce coquillage qui peut atteindre jusqu'à un mètre de longueur, se nourrit de particules organiques qu'elle aspire dans les courants. Si l'eau du Larvotto se charge de particules en suspension, comme on peut le craindre, il y a fort à parier que la nacre soit une des premières à pâtir de la pollution. Enfin le mérou, poisson protégé par une ordonnance princière comme le corb et le homard, devrait aussi entretenir un voisinage délicat avec les millions de tonnes de béton qui seront coulées dans la mer.

Il faudra naturellement attendre plusieurs années pour savoir si ces risques se concrétisent. Mais le fait de lancer un chantier de cette envergure à quelques mètres d'une réserve est en soi déjà une gageure.

Vroum, vroum

Attendre un bus à Monaco, le vendredi soir, dans les parages du casino, est une épreuve. C'est là que je patientais avant d'attraper le car m'emmenant à l'aéroport de Nice. C'est là que je me suis encrassé les poumons dans une proportion comparable à celle que l'on peut redouter dans des villes réputées « sales » comme Paris ou Rome. À Monaco, l'air est si pollué, si dense que l'on a l'impression de respirer l'intérieur d'une gazinière.

Monaco est une ville où l'automobile est reine. Pour s'en convaincre, il suffit d'y arriver sur le coup de 8 h 30. Lorsque l'on quitte l'autoroute, le dégagement qui rejoint la principauté est bondé de voitures sur des kilomètres. Il faut une bonne demi-heure avant d'accéder aux faubourgs de la ville. Et, une fois arrivé à destination, le cauchemar continue. De La Condamine au boulevard d'Italie, où je travaillais, c'est l'embolie. Les voitures circulent à la queue leu leu. Plus de cent mille véhicules affluent chaque jour dans la ville. Pour échapper à ce gigantesque embouteillage, beaucoup de Monégasques recourent au scooter. Les rues de la principauté sont donc un enchevêtrement de voitures et de deux-roues qui circulent à toute vitesse. Paradoxalement, ce trafic débridé est peu accidentogène. Les conducteurs se respectent et ils ménagent les piétons : alors que traverser une rue tient du cauchemar dans une ville comme Paris, rien de plus simple à Monaco. Quand ils vous voient, les conducteurs freinent pour vous laisser passer. Les badauds ont la priorité et même les Français se font à cet usage.

Embouteillé, congestionné, asphyxié, Monaco, qui ne compte que quinze mille places de stationnement, tente d'endiguer sa pollution. Bernard Fautrier, l'animateur de la Fondation Albert-II, a notamment lancé une opération de covoiturage dont les débuts, affirme-t-il, sont prometteurs. Des solutions plus radicales sont également évoquées. L'idée serait, par exemple, de créer une vaste zone de rétention, un parking géant aux portes de Monaco. Il serait situé sur la commune de La Turbie, un petit bourg qui domine la principauté. De là, les conducteurs seraient invités à prendre un funiculaire souterrain qui partirait du parking pour rejoindre le centre de Monaco en une dizaine de minutes et en garantissant un débit de deux mille à trois mille personnes aux heures de pointe.

Il faudra des années avant que ce projet se concrétise. D'abord parce qu'il ne peut être lancé sans l'aval des autorités françaises. Et, ensuite, parce que rien ne prouve que Monaco acceptera de financer cet énorme chantier. Pour l'heure, la principauté a prévu le percement d'un nouveau tunnel qui, s'il fluidifie un peu la circulation, aggravera encore les problèmes de pollution.

La circulation monégasque est d'abord liée au flot des « pendulaires ». Plusieurs dizaines de milliers de personnes effectuent chaque jour un aller-retour entre la France, l'Italie et Monaco. Le nombre de ces « pendulaires » qui font tourner la machine économique monégasque augmente de quinze cents à deux mille personnes chaque année. De huit mille à dix mille personnes arrivent par la gare ultramoderne de Monaco qui vient d'acheter cinq nouveaux TER. Mais les trains bondés, puis les bus, surchargés, incitent beaucoup de salariés à utiliser leur voiture. D'où une pollution croissante : on estime que depuis 1990, le nombre des rejets polluants a progressé de 40 %.

La seconde raison d'encombrement chronique tient au fait que les habitants de Monaco utilisent leur voiture pour se déplacer en ville bien que le réseau de bus local fonctionne parfaitement. Cette population qui ne connaît pas l'angoisse des fins de mois difficiles a tendance à rouler chic. Monaco est l'une des plus grandes vitrines d'automobiles de luxe de la planète. Sur deux kilomètres carrés, on voit passer toutes les voitures qui font rêver les amateurs et qui, ailleurs, sont cachées dans des parkings. À Monaco, elles circulent. En allant travailler le matin, il est fréquent de voir des files de gros 4 × 4 haut de gamme attendant de longues minutes que le feu passe au vert. On ne compte pas les berlines allemandes de grosse cylindrée, les bolides italiens et anglais qui ronronnent dans les embouteillages ou encore les véhicules de collection, dont de vieilles Ferrari, qui traversent la ville dans un bruit infernal.

Toute cette noria automobile a pour particularité de tourner en rond. Dans un si petit territoire, les parcours urbains vont de pair avec les démarrages à froid et de courts trajets durant lesquels les moteurs n'atteignent pas leur température d'équilibre. Aucun chiffre officiel ne mesure exactement les dégâts de cette circulation sur la santé humaine, mais une petite anecdote en dit long : le journal dans lequel je travaillais a un balcon surplombant le boulevard d'Italie, une artère extrêmement passante. Un jour, j'y ai récupéré une pochette blanche qui était tombée de ma poche. Elle était devenue grise en l'espace de deux heures.

En attendant que des mesures radicales soient prises, il y a peu de chances que les poumons des Monégasques s'éclaircissent. Le vélo a bien été envisagé comme solution de rechange, mais la greffe n'a pas pris. Les emplacements réservés aux bicyclettes sont vides et ils le resteront : Monaco est une ville à étages, taillée à flanc de montagne. Il est donc impossible de relier en vélo la partie basse de la ville à sa partie la plus élevée, sans avoir des mollets de champion ! Par ailleurs, circuler à bicyclette au milieu de la circulation et des gaz d'échappement est une odyssée qui ne tente pas grand monde.

Incinérateur

Patrie de l'environnement, le pays du prince Albert ne pratique pas réellement le tri sélectif et il calcine ses ordures dans une usine d'incinération située... en plein centre-ville, dans le quartier de Fontvieille ! Dans ce quartier d'affaires où des dizaines de milliers de salariés viennent travailler chaque jour et où trois mille cinq cents personnes habitent, on trouve cette usine au design néostalinien édifiée en 1980 et qui rejette dans l'atmosphère le produit des dizaines de milliers de tonnes de déchets qui y sont brûlés chaque année. Un vrai bonheur.

La présence de ce pot d'échappement géant dérange. Pas à Monaco où personne ne bouge de peur de faire des vagues. À une exception près : Gildo Pastor. Ce richissime homme d'affaires, qui détient une radio locale et qui a notamment racheté les automobiles Venturi, a bien tenté de prouver par voie juridique que l'usine rejette du poison dans l'atmosphère. Mais les conclusions de cette action, sur laquelle ses avocats refusent de communiquer, sont incertaines. Pastor est un homme prudent : lorsque son épouse est tombée enceinte, il a préféré quitter l'appartement pourvu d'une terrasse géante qu'il occupait pour se réfugier à l'autre bout de la principauté, dans un logement plus petit, mais à l'abri des effluves de l'incinérateur. C'est un chanceux car les habitants des communes avoisinantes ne peuvent pas tous déménager. Alors que les Monégasques se taisent, beaucoup de ces riverains demandent la fermeture de l'incinérateur monégasque. La fronde est menée par les écologistes, regroupés sous l'appellation de « citrons verts ».

Pour bien comprendre les raisons de leur grogne, il faut faire un brin de topographie. Les pourtours de Monaco sont cernés par des communes françaises. Les constructions s'imbriquent. La pollution qui plane sur Monaco a donc des effets directs sur les bourgs avoisinants. Quand Monaco fume noir, tout le monde expectore, a fortiori si on habite Cap-d'Ail, la commune française collée au quartier de Fontvieille.

Pour les écologistes, aucun doute, l'incinérateur monégasque, dans lequel on a récemment trouvé des trémies radioactives, est obsolète : « Les ordures ménagères et industrielles, déplorent-ils, sont brûlées sans aucun tri sélectif préalable ; elles produisent notamment des dioxines nocives pour la santé, lesquelles peuvent se déposer sur plusieurs kilomètres autour de l'incinérateur où elles resteront actives des décennies. » Et les mêmes de poursuivre : « Du fait de cheminées très peu élevées, les rejets de poussières, métaux lourds, dioxines, furanes (...) sont considérables, indignes de l'image de marque de Monaco et s'inscrivent en faux face à l'engagement environnemental de la principauté sur la scène internationale. »

Bien conscient de l'ampleur de ce paradoxe, Monaco a pris des mesures pour réduire ces nuisances. Quelques jours après la ratification du protocole de Kyoto, la direction de l'usine annonçait, en octobre 2005, sa volonté de mettre ses trois fours à grille aux normes européennes... Les travaux, qui seront totalement achevés en 2007, visent notamment à améliorer la combustion et l'étanchéité des fours afin de récupérer les fines particules de métaux lourds avant qu'elles filent dans l'atmosphère.

Ces améliorations techniques laissent les écologistes de marbre. « La mise aux normes de l'incinérateur ne veut pas dire que celui-ci sera sans danger, et les déchets issus de l'incinération seront toujours aussi importants », estime Serge Jung, conseiller municipal à Cap-d'Ail, proche des « citrons verts ». Pour ce douanier écolo, champion de la lutte anti-incinérateur, « les composés organiques comme les dioxines – même à 0,1 nanogramme par mètre cube de fumée expulsée, la norme européenne – viendront s'ajouter à celles déjà présentes dans le milieu ambiant et à celles déjà ingérées par l'alimentation ou les voies respiratoires ». Or, les dioxines sont cancérogènes soit par accumulation, soit par interaction avec le matériel génétique. Alors quid de la santé des habitants de Fontvieille et de celle des riverains de Cap-d'Ail et, plus loin, de Beausoleil ?

Aucun chiffre scientifique ne vient étayer la thèse selon laquelle des cancers se seraient déclarés à cause des rejets de l'incinérateur. Reste que la présence d'un polluant comme la dioxine dans l'atmosphère est préoccupante, même à faible dose. Selon le Conseil supérieur d'hygiène de France, l'exposition de la population à une dose de 1 picogramme (1 millionième de millionième de gramme) entraînerait une surmortalité par cancer de dix-huit cents à deux mille neuf cents cas par an.

Pour éradiquer ce risque, les écolos demandent que l'incinérateur de Fontvieille, qui produit un quart du

CO_2 rejeté par la principauté, soit fermé. Et que des études écotoxicologiques volontaires soient menées sur les personnes exposées de manière prolongée aux dioxines, furanes et polychlorobiphényles (PCB), dont le personnel de l'incinérateur et les riverains.

Pour sa part, le gouvernement monégasque, qui a réalisé 20 millions d'euros de travaux pour moderniser les installations, a fait savoir que l'incinérateur serait fermé d'ici une quinzaine d'années. D'ici là, il faudra s'habituer à tousser.

Béton roi

Savez-vous ce que les Monégasques appellent une « spécificité » ? Il s'agit du nom pudique employé pour désigner les verrues architecturales qui parsèment Monaco. Elles sont nombreuses. Contrairement à la plupart des capitales européennes, la principauté n'a jamais fait appel à des architectes de renom pour se forger un caractère immobilier, à une ou deux exceptions près. Résultat, les promoteurs locaux construisent des caisses à savon dont le dessin évoque celui des tours qui sont aujourd'hui détruites dans la banlieue parisienne. Pour la forme, ces cages à lapins de luxe, aux normes antisismiques, sont habillées de marbre et commercialisées à prix d'or.

Si les prix de l'immobilier ont flambé à Paris, ils sont sans commune mesure avec ceux pratiqués dans le pays du prince Albert : dans les quartiers du Larvotto et de Monte-Carlo, placés en bord de mer, le prix du mètre carré peut dépasser 22 000 euros contre environ 25 000 euros pour Monaco-Ville (le Rocher), le quartier de Fontvieille et La Condamine. Pour trouver un tarif inférieur, il faut se rendre dans le quartier du jardin exotique, moins bien situé, où, pour le neuf, les prix plafonnent à... 21 000 euros le mètre carré !

Ces tarifs, qui sont largement conditionnés par le coût prohibitif du foncier, aiguisent la cupidité. Les promoteurs raflent le moindre espace disponible. On compte environ une quinzaine de chantiers immobiliers simultanés à travers la ville. Les bulldozers donnent une impression de mouvement perpétuel. La plupart des villas Belle Époque qui faisaient le charme de la principauté ont été détruites. Récemment, la villa Trotty, l'ancienne résidence de l'ambassadeur de France, une splendide bâtisse en pierre de taille, a failli tomber entre les mains des promoteurs. Antonio Caroli, le promoteur immobilier propriétaire du journal pour lequel je travaillais, avait fait une offre. Son projet consistait à tout casser et à édifier un grand immeuble à la place. Heureusement, la vente ne s'est pas faite : le prince Albert, hommage lui soit rendu, ayant décidé de protéger la villa. Sortie du marché, elle a finalement été cédée à un esthète italien qui va y installer sa collection de tableaux.

Le drame de Monaco, c'est que la ville est constituée de bric et de broc. Exception faite du Rocher, à la charmante architecture méditerranéenne, et du quartier de Fontvieille, composé de tours sorties de terre dans les années 1970, la ville est disparate, comme si elle était tombée d'un shaker. C'est un mélange d'immeubles de hauteurs différentes, sans uniformité, dont la concrétion la plus hideuse se trouve le long de la plage du Larvotto. Trônant au milieu de la ville, on trouve aussi une tour, incongrue, haute de trente-sept étages. Elle sera bientôt doublée par une autre, plus haute, de quarante-cinq étages, ce qui va encore accentuer l'aspect hétérogène de la ville.

Ce chaos architectural est produit par la réglementation locale. Théoriquement, la ville est découpée en trois secteurs. Le « réservé », déclaré intouchable. Le « réglementé », qui fixe les gabarits des immeubles selon les quartiers. Et l'« ordonnancé », qui définit une règle du jeu au cas par cas. Dans les faits, c'est l'ordonnancé qui domine. 85 à 90 % de la principauté sont désormais gérés par des ordonnances souveraines. En clair, c'est le prince et ses services qui décident de ce qui peut être construit ici ou là, de façon parfaitement arbitraire ! Avec ce système, le clientélisme est roi. Certains dossiers immobiliers sont « poussés » par des personnalités influentes afin de faire la fortune des promoteurs. Architecturalement, aucune unité ne peut être trouvée puisque les projets retenus sont dessinés par des architectes qui font ce qu'ils veulent. Le profil urbanistique est fixé par zone, quartier par quartier, immeuble par immeuble. D'où l'effet patchwork des constructions. Sur le boulevard d'Italie, on trouve notamment du faux haussmannien, très kitsch, des immeubles recouverts de marbre avec des portes d'entrée à ouverture automatique en verre biseauté, des constructions anciennes en pierre, plus basses, qui seront bientôt rasées, etc. Toutes les hauteurs coexistent dans une anarchie totale.

Malgré leurs prix astronomiques, les immeubles locaux ne respectent pas l'environnement. Pour être précis, les promoteurs sont invités à respecter les normes de haute qualité environnementale (HQE) mais ils n'y sont pas contraints. Ces normes, qui seront certainement obligatoires dans le cadre du nouveau quartier construit sur la mer, prévoient notamment que les immeubles s'inscrivent harmonieusement dans le cadre qui les entoure. Elles préconisent l'emploi de procédés et de produits de construction respectueux de l'environnement. Elles fixent enfin des contraintes en matière de chantiers, par exemple en demandant la réduction du niveau sonore.

La principauté ne dispose pas de Code de l'environnement. Annoncé en 2004, en 2005 et en 2006, ce texte, qui permettrait de classer certains immeubles comme faisant partie du patrimoine national, n'est toujours pas sorti. « Pensez donc, raconte un conseiller national, les promoteurs n'ont aucun intérêt à ce qu'il voie le jour puisqu'ils vont se trouver face à des contraintes qui les empêcheront de casser ce qu'ils veulent. » Ce code sortira-t-il en 2007 ? Les normes HQE seront-elles obligatoires à cette date ? Le plus tôt sera le mieux car Monaco va encore démolir pas mal de constructions. Le quartier de La Condamine, jusqu'alors épargné par les promoteurs, ne tardera pas à tomber dans la gueule des pelleteuses. Si sa partie sud doit être préservée afin de sauvegarder un ensemble de belles façades, la partie nord va souffrir. Adieu, petits immeubles en pierre de taille ! Certains vont être rasés pour laisser la place à des constructions plus hautes. Rêvant de ce gâteau immobilier, certains promoteurs locaux voudraient instaurer une société d'économie mixte associant État et promotion privée. En contrepartie d'une mise à disposition du foncier, l'État recevrait, comme c'est la coutume dans la principauté, des appartements pour loger des Monégasques. Une autre partie des biens pourrait être réservée au secteur réglementé, où les prix de location sont moins chers. Et les promoteurs commercialiseraient le reste des programmes en se remplissant les poches ! Début possible des travaux vers 2010.

Chapitre 6

LE LIBÉRALISME ABSOLU

Difficile de trouver un endroit plus favorable au patronat que Monaco. Logique : le bien-être de la principauté repose sur une économie où les salariés produisent et ne bronchent pas. La France n'est pas capable de fournir un emploi à ses ressortissants qui, aussi longtemps qu'ils sont dociles, sont les bienvenus dans la principauté. Ici, les grèves sont rares. Socialement, la principauté est une friche. Elle ne dispose pas des dix à quinze textes qui pourraient constituer la base d'un futur Code du travail. « Notre organisation, explique Betty Tambuscio, secrétaire générale adjointe de l'Union des syndicats de Monaco (USM), le pendant local de la CGT, bataille depuis deux décennies pour l'obtention de nouveaux textes inexistants et pourtant fondamentaux

dans tout droit du travail : réglementation et marginali-
sation de l'usage du contrat à durée déterminée, du
travail intérimaire, du temps partiel, textes sur l'emploi
des handicapés, reconnaissance du droit à la formation
professionnelle, harcèlement moral ou sexuel, protection
des enfants au travail, licenciement économique et licenciement collectif, égalité professionnelle entre hommes
et femmes, statuts pour les personnels des services
publics... »

Le vote, prévu pour 2007, d'une loi réglementant le
recours aux CDD n'a été obtenu qu'aux forceps et à
l'issue d'une odyssée procédurière. De même, la suppression de l'article 6, une disposition permettant aux chefs
d'entreprise de licencier un salarié sans avoir à fournir de
motif, a fait l'objet d'innombrables débats.

L'avènement du prince Albert avait pourtant coïn-
cidé avec des signes d'ouverture. En octobre 2005, une
délégation de la très marxisante USM était reçue par le
prince en personne, ce qui ne s'était pas vu depuis des
décennies. Du coup, Betty Tambuscio, généralement
prudente comme un Sioux, s'était laissé emporter par un
brin d'optimisme : « Le discours d'avènement du prince,
déclarait-elle à *L'Observateur de Monaco*, a fait naître de
réels espoirs : aujourd'hui, nous comptons sur une
réorientation de la politique sociale (...). Nous sortons
de vingt-cinq ans d'ultralibéralisme qui ont fragilisé le

statut social des salariés et développé de manière inconséquente la précarité de l'emploi... »

Peu de temps après, les représentants de l'USM et ceux de la Fédération patronale se retrouvaient autour d'une table – alors qu'ils se tournaient le dos depuis un quart de siècle ! – en parvenant à se mettre d'accord sur un ordre du jour. « C'est le début d'une ère nouvelle, me confiait alors Denis Ravera, le conseiller aux Affaires sociales de la principauté. Les partenaires sociaux vont pouvoir travailler dans un climat de confiance. »

Deux ans plus tard, force est de constater que cette reprise du dialogue social n'a pas débouché sur grand-chose de concret, un peu comme si le pays était retombé dans une situation de blocage. Un peu comme si la volonté du palais de débloquer la situation sociale était moins forte qu'escomptée. Pour protester, l'USM a organisé une manifestation en novembre 2006 pour réclamer une hausse du pouvoir d'achat, principal point d'achoppement avec la Fédération patronale. Brandissant des calicots, plusieurs milliers de personnes ont défilé dans Monaco... sans obtenir d'avancée décisive.

Lors d'une rencontre avec Jean-Luc Allavena, encore directeur du cabinet princier, je m'étais étonné que le chapitre social ait tant de mal à s'écrire dans le royaume du prince. Il m'avait répondu avec un grand sourire que le fait de voir l'économie de la principauté tourner à 200 % démontrait que les relations sociales y étaient, à tout le moins, favorables à l'emploi. C'est un argument recevable : la machine à produire monégasque est une mécanique bien huilée. Elle tourne à plein régime. Le taux de croissance annuel du pays frôle les 7 % quand celui de la France peine à dépasser 2 %. Monaco, principal pôle d'emploi de la Région Provence-Alpes-Côte d'Azur (PACA), connaît une situation comparable à celle de la France durant les Trente Glorieuses. Tout le monde y travaille, personne ne reste sur le carreau. Mais à quel prix ?

Salariés Kleenex

« L'opinion française imagine souvent Monaco comme un paradis ensoleillé (...), explique Betty Tambuscio, mais la réalité est tout autre : richesse, luxe et affaires y contrastent avec le monde du labeur et des petites gens. Du train du matin au train du soir, la caissière de l'hypermarché, l'ouvrier à la chaîne ou les cadres en col blanc, quarante mille salariés au total, créent les richesses du pays (...) mais ils lui restent complètement étrangers. » Contrairement à ce que pensent les gens, qui vous estiment immédiatement assujettis à l'ISF quand vous leur dites que vous travaillez à Monaco, les salaires pratiqués sur le Rocher sont modiques. Si les Monégasques sont riches, c'est parce qu'ils sont radins et les chefs d'entreprise ne dérogent pas à la règle. Un quart des salariés du Rocher sont payés au Smic (légèrement supérieur au Smic français, il est vrai). Avec un revenu équivalent à celui servi en France, les cadres ne roulent pas non plus sur l'or. Financièrement, le seul avantage de Monaco, c'est que les salaires y sont moins chargés qu'en France. Mais, le niveau des loyers étant deux fois supérieur à celui pratiqué sur le reste de la Côte d'Azur, ce petit avantage est vite relativisé.

Une partie du « monde du labeur », pour reprendre l'expression de l'USM, est dans une situation précaire. Cette précarité touche d'abord les salariés du privé. « À Monaco, il faut prendre l'habitude de travailler sur un siège éjectable, me raconte un "pendulaire". Cela fait quinze ans que je bosse ici et je ne suis toujours pas en CDI. C'est minant. » Minant ? En fait, près de 25 % des salariés monégasques se trouveraient dans une situation précaire. Il s'agit d'employés Kleenex, jetables, qui peuvent être débarqués du jour au lendemain, pratiquement sans protocole. D'où un turn-over parmi les plus élevés de la planète, de l'ordre de 30 %.

La situation des intérimaires est la moins enviable. La plupart d'entre eux travaillent dans l'industrie, le bâtiment et le tertiaire. Ils constituent une chair à canon salariale dont l'usage, bien que les entreprises d'intérim se soient ralliées à une charte déontologique française, n'est pas réglementé. Selon les syndicats, l'intérim est même illégal à Monaco puisque le prêt de main-d'œuvre n'y est pas autorisé. Mais l'importance du fluide salarial constitué par ces employés est si considérable que l'État laisse filer. Aucune réglementation n'est à l'ordre du jour.

Monaco, pays de la mission perpétuelle : théoriquement, les tâches confiées aux intérimaires devraient correspondre à des missions temporaires. Dans les faits, elles peuvent durer cinq ans, dix ans, voire davantage, grâce à la mise bout à bout de plusieurs « missions ». Cet effet d'accordéon n'a pas de limite puisque ces périodes sont comme les petits pains de la parabole : elles peuvent être multipliées à l'infini. Si certains salariés se satisfont de ce système, qui leur permet notamment de profiter du versement de primes en fin de mission, la plupart, surtout les plus âgés, serrent les poings. « Que voulez-vous que je fasse ? témoigne cet intérimaire de cinquante et un ans, employé dans l'industrie. Je n'obtiendrai jamais la requalification de mon job en emploi permanent. Le demander équivaudrait à un licenciement immédiat. Alors, je n'ai pas le choix, je fais le gros dos. »

Ce système de servitude a encore de beaux jours devant lui. Pourquoi se priver ? Les intérimaires, trop contents de trouver un job, forment une population docile que l'on peut sacrifier en cas de revers économique. Ils constituent la variable d'ajustement idéale : « Depuis les années 1980, les sociétés monégasques recourent de plus en plus à des contrats d'intérim à rallonge, au temps partiel non choisi, aux flexibilités tolérées, dénonce Betty Tambuscio. Ces pratiques se sont multipliées de manière désordonnée et anarchique dans un tissu social malade de précarité et de non-droit. »

Les salariés du privé ne sont pas les seuls à pâtir d'un statut social précaire. Les fonctionnaires monégasques sont logés à la même enseigne.

De bonne source, on indique que près de la moitié de la fonction publique monégasque ne dispose que d'un statut de contractuel. Sa principauté pratiquant une discrimination positive pour ses nationaux, le statut de fonctionnaire plein et entier est réservé aux Monégasques de sang. Ce sont pratiquement les seuls à être titularisés. Les autres doivent se contenter de miettes statutaires. « Je ne sais pas de quoi demain sera fait, explique Philippe, quarante ans, originaire de Nice, entré dans l'administration monégasque il y a une dizaine d'années. J'ai d'abord été recruté pour un an, puis j'ai été prolongé à coups de contrats à durée variable. Pour ma famille, j'espère que cela va durer. » Comme lui, ils sont des centaines à travailler sans perspective sociale. À godiller d'un contrat à l'autre. La moitié de l'effectif de la fonction publique monégasque, qui compte environ trois mille personnes, serait touchée par cette précarisation.

C'est le monde à l'envers mais, dans certains services de l'État, le nombre de contractuels est même supérieur à celui des titulaires. Selon une enquête réalisée par *Monaco Hebdo*, leur nombre est notamment supérieur dans les travaux publics ou dans les parkings. L'Éducation nationale est également un lieu où l'on ramasse les salariés Kleenex à la pelle. « J'ai enseigné à Monaco durant plus de trente ans sur la base d'un contrat renouvelé annuellement, explique Marguerite, française, la soixantaine, aujourd'hui professeur d'allemand en retraite. Durant toutes ces années, j'ai vu beaucoup de gens me passer devant le nez au simple prétexte qu'ils étaient monégasques. Les promotions se font sur la nationalité, pas sur le mérite. C'est horripilant. » Ce qui est vrai pour l'Éducation nationale l'est également pour l'univers hospitalier, surtout peuplé par des contractuels français.

Dans certains cas, la fonction publique monégasque emploie des salariés qui n'ont même plus de contrat ! Au bout du renouvellement d'un certain nombre de CDD, des contractuels restent en poste sans que leur contrat de travail ait été reconduit. Ils sont en état de mort statutaire. Certes, Monaco, ce n'est pas l'anarchie, et les contractuels liquidés du jour au lendemain ne courent pas les rues. Mais tout de même. Est-ce que l'enchaînement de plusieurs CDD débouche sur un CDI ou sur rien du tout ? Rien n'est codifié. Tout est donc possible.

Un toilettage du statut des fonctionnaires a beau être envisagé depuis des années, la titularisation restera l'apanage des Monégasques. Les béquilles qui seront offertes aux contractuels français resteront donc un pis-aller.

Article 6

Le droit social monégasque est féodal. Et le fait de posséder un contrat à durée indéterminée ne met à l'abri de rien, surtout pas de la précarité. Car les salariés ont une épée de Damoclès au-dessus de leur tête : l'article 6, la menace du licenciement sauvage...

Alors qu'en France le CPE a suscité un tollé général au motif qu'il permettait à un chef d'entreprise de remercier un salarié du jour au lendemain sans avoir à fournir de motif de licenciement, cette pratique est courante à Monaco. Les DRH, quand il y en a, ne font pas dans le détail. Les salariés peuvent être débarqués en un temps record et sans le moindre parachute. « Vous avez cessé de plaire, vous partez. » C'est à peu près dans ces termes qu'un contrat de travail à durée indéterminée peut être soldé par un employeur invoquant l'article 6. C'est humiliant, souvent injuste et sans appel.

À cet égard, la petite mésaventure qui m'est arrivée est intéressante car elle constitue une bonne variation sur ce thème. Un lundi matin, j'arrive au journal et j'apprends que ma rédactrice en chef a été appelée à l'étage de la direction. Je la rejoins dans le bureau de Roberto Testa, directeur de la publication. C'est un ingénieur italien spécialisé dans le béton. Il écrit le français à la taloche, ne connaît rien à la presse, mais il porte la responsabilité juridique du titre pour des raisons de convenance. L'ambiance est lourde. Testa me regarde et m'annonce que je suis viré. Mon adjointe, qui a appris la nouvelle avant moi, s'éclipse. « Vous êtes dispensé du préavis théorique d'un mois que vous nous devez, enchaîne-t-il, et je souhaite que vous partiez le plus rapidement possible. » C'est tout juste s'il ne me demande pas de quitter les lieux dans la foulée. Un peu surpris, je lui signale qu'il n'y a pas eu d'entretien préalable au licenciement et que j'aimerais que son motif me soit notifié. Il me rit au nez et me rappelle que l'article 6 de la loi monégasque permet aux chefs d'entreprise de couper court à ces fariboles. « Je ne vous dois aucun élément d'explication. » Deux ans plus tôt, l'entreprise a congédié une journaliste en motivant sa décision et elle a été traînée et condamnée par les prud'hommes pour licenciement abusif, jugement confirmé en appel. Du coup, Testa, surnommé le « lévrier afghan » en raison de sa grande docilité, vire sur ordre et sans justifier sa décision. C'est moins risqué.

Mon cas, qui a suscité l'ire des syndicats et celle de mes confrères, est un bon révélateur de l'archaïsme du droit social monégasque. Depuis des années, les syndicats demandent la suppression du fameux article 6, cet arsenic social. « Ici, tout licenciement peut intervenir sans notification écrite de motif, ni entretien préalable, c'est-à-dire sur-le-champ », résume Betty Tambuscio.

Conscient que ce trait d'ultralibéralisme peut être abusif, le gouvernement a plusieurs fois laissé entendre, notamment par la voix de Denis Ravera, le conseiller aux Affaires sociales, que l'article 6 ferait l'objet de modifications. Il n'y a aucune raison de douter de la bonne foi de Ravera. Cet homme au nez rouge a les mains blanches, affirment les syndicalistes. Il a d'ailleurs encouragé les discussions qui se sont engagées entre les partenaires sociaux en 2005 sous l'égide du Conseil économique et social afin de doter la principauté d'une loi sur le contrat de travail. Après plusieurs mois de ping-pong procédurier, ce texte, validé par le Conseil d'État, devrait finalement arriver sur le bureau des parlementaires monégasques avant l'été 2007. Sera-t-il amendé ? Affaire à suivre. D'ici là, les salariés continueront à enquiller CDD sur CDD, domaine dans lequel l'État ouvre la voie puisque la SBM est l'une des entreprises qui recourt le plus à ce type de contrat. D'autres salariés en CDI seront virés sans ménagement et sans motif. C'est ainsi que les entreprises monégasques se régénèrent, dans l'ombre tutélaire du palais princier.

Discrimination

Pays de tradition latine, Monaco a longtemps considéré qu'une femme est pleinement épanouie lorsqu'elle reste à proximité de ses fourneaux. Depuis deux, trois ans, plusieurs textes de lois ont remis en cause cette image vichyste mais les discriminations entre hommes et femmes perdurent. « La discrimination sur le marché de l'emploi (…) n'existe pas uniquement à l'embauche et au niveau du salaire, elle existe aussi et surtout dans la perspective d'évolution, explique Catherine Fautrier, conseiller national et présidente de la commission des droits de la femme et de la famille. Exemple type : même s'il y a plus de femmes que d'hommes dans la fonction publique, ce n'est pas pour autant qu'elles arrivent à atteindre des postes clés. » Pour s'en convaincre, il suffit de se rendre aux conférences de presse que Jean-Paul Proust, ministre d'État, organise parfois avec les membres de son gouvernement. Il trône au milieu d'une longue table comme Jésus au milieu des Apôtres. À sa droite et à sa gauche, on ne trouve qu'une longue brochette de mâles, aucune femme ne figurant dans la cène. « Si j'avais une suggestion à faire au prince Albert, ce serait de nommer des femmes conseiller de gouvernement », poursuit Catherine Fautrier.

Ce qui vaut au gouvernement vaut également au Conseil national où 4 postes de président de commission sur 7 sont confiés à des hommes. Quant à la vice-présidence du Parlement, chamboulée en octobre 2006 par le départ, pour des raisons éthiques, de Claude Boisson, elle a à nouveau été confiée à un homme, Bernard Marquet, un dentiste aussi large que haut, dont la soudaine docilité a surpris pas mal de ses anciens amis.

Mœurs d'un autre temps : à Monaco, une femme qui se fait avorter peut perdre l'autorité parentale qu'elle exerce sur ses enfants. L'IVG n'est autorisée que pour des raisons thérapeutiques et l'Église, fortement noyautée, dit-on, par l'Opus Dei, a constitué une sorte de comité d'éthique où l'on trouve notamment des médecins, et qui distribue des brochures à la sortie des offices afin d'expliquer aux femmes que l'avortement est une technique satanique.

Aucune loi ne protège les femmes contre les violences conjugales. Une section spéciale de la sûreté publique a bien été créée, mais le droit monégasque ne reconnaît pas les violences domestiques en tant que telles. Si elles sont battues, les femmes n'ont d'autre choix que de se taire ou de quitter le domicile conjugal, leur mari ou concubin ne risquant pas grand-chose, faute d'arsenal pénal adapté.

Concernant les salariés lambda, le machisme fait aussi de la résistance. Impossible de rencontrer une femme et de lui demander son sentiment sans que cette discrimination se fasse jour. Côté salaires, mieux vaut d'ailleurs être né avec une layette bleue qu'avec une layette rose : « Comme en France ou en Allemagne, les femmes sont encore rémunérées entre 20 et 30 % de moins que les hommes, explique Catherine Fautrier. Certains pays ont rendu cela illégal (…). Je pense que la loi peut, dans ce cas de figure, contribuer à l'élimination de cette inégalité. » Faut-il aussi prévoir un texte sur la parité ? Pas sûr : « Pourquoi devrions-nous prendre des mesures législatives pour persuader les hommes que nous valons autant qu'eux ? Chez nous, (…) je crois qu'une fois que les décalages manifestes qui existent dans la loi seront gommés, ce sont les mentalités qu'il faudra changer… » Malgré un lifting juridique, beaucoup de chemin reste à faire dans un pays où une femme enceinte qui part en congé maternité n'est pas assurée de retrouver le job qu'elle occupait avant sa grossesse, l'employeur étant seulement tenu de la réembaucher puis de la réaffecter où bon lui semble…

Paupérisme

Officiellement, la principauté a un des taux de chômage les moins élevés d'Europe, de l'ordre de 2 à 3 %. Logique, puisque Monaco triche : dès qu'ils perdent leur emploi, les « pendulaires » d'origine française ou italienne repartent chez eux où ils sont comptabilisés. À quoi bon rester, d'ailleurs ? Monaco a la charité sélective. Préférence nationale oblige, les aides sociales que le pays réserve aux démunis sont à destination exclusive des Monégasques. Les autres peuvent tirer la langue et partir traîner misère ailleurs. « Que voulez-vous, le gâteau monégasque n'est pas assez gros pour être partagé avec d'autres gens que les nationaux, assène un parlementaire. Notez que les ressortissants étrangers peuvent faire valoir leurs droits chez eux. »

Des pauvres à Monaco ? Je me souviens d'avoir consacré une couverture de *Monaco Hebdo* à ce sujet. Quelques jours après la publication, un confrère parisien me passait un coup de fil pour me dire que la question l'avait tordu de rire. Effectivement, quand on se promène à Monaco, on ne voit aucune main tendue car la mendicité y est interdite. On ne voit pas non plus de SDF ou de gens mal habillés car il faut avoir l'air « comme il faut » si on ne veut pas attirer l'attention des pandores, aussi nombreux que zélés. Quant aux personnes qui sont payées au Smic, elles ne font que passer et, le soir venu, elles reprennent leur train sans encombrer les trottoirs monégasques. Du fait de cette épuration sociale qui repousse, chaque soir, les plus pauvres hors des frontières de la principauté, il ne reste donc que des gens riches... ou ceux qui dissimulent leur misère. Comme, par exemple, les employés de maison et les retraités.

Le niveau de vie de certains habitants de la principauté laisse rêveur. À l'héliport, il m'est arrivé de rencontrer une femme d'une quarantaine d'années, toujours habillée comme si elle sortait d'un défilé de mode, et qui m'a avoué qu'elle faisait, en avion privé, un trajet aller et retour parfois quotidien vers Londres où elle a ses « habitudes ». Le matin, m'ont expliqué les employés de l'héliport, elle arrive dans une Bentley qui revient la chercher le soir avec, au volant, un chauffeur malais aussi stylé que ceux que l'on voit dans les séries américaines des années 1970. Ce chauffeur est-il employé au noir ? Impossible de le savoir, mais ce n'est un secret pour personne qu'une partie du personnel de maison employé à Monaco travaille sans contrat de travail.

Les résidents monégasques sont brodés d'or. Ils sont généralement propriétaires de biens répartis dans différentes capitales européennes et ils voyagent de l'une à l'autre. Pour prendre soin d'eux, ils emploient du personnel de maison. Le drame, c'est qu'une partie de ces hères, recrutés lors de voyages dans les pays du tiers-monde, est réduite à un statut d'esclave domestique. En 2004, la justice monégasque a d'ailleurs condamné des résidents exploitant une employée de maison. Mais, pour un couple puni, combien sont-ils à passer entre les mailles du filet ? Impossible de le savoir car ces situations ont lieu dans la sphère du privé, là où nul n'a accès. Au gouvernement, on se déclare très attentif à ces cas de travail au noir, cet esclavage moderne étant néanmoins jugé « marginal ». Mais, selon l'USM, cette pratique se généralise. Certains employés de maison racontent même qu'il devient difficile de trouver un travail déclaré, ce qui, a contrario, démontre bien que les jobs au noir sont légion.

Les retraités monégasques forment une autre catégorie de nouveaux pauvres. Durant une période, ceux qui sont logés dans la principauté ont pu compenser le niveau ahurissant des loyers grâce à des pensions supérieures d'environ 20 % à celles qui sont versées en France. Mais cet avantage s'érode alors que le niveau des loyers suit une pente ascendante. « Les retraités sont pris dans un effet de cisaille terrible, explique Roger Benatti, un charmant jeune homme de quatre-vingt-cinq ans, affûté comme un actuaire et aujourd'hui président de l'Union monégasque des retraités. Beaucoup se demandent s'ils vont pouvoir conserver leur logement, ce qui les plonge dans une précarité psychologique d'autant plus difficile à supporter qu'ils sont souvent très âgés. » Ces retraités vivent dans des appartements du secteur protégé où le montant des loyers est plus bas que dans le secteur libre, mais d'où ils peuvent être, théoriquement, délogés dans un délai de trois mois par suite d'une décision récente du tribunal suprême monégasque. Pour tenir le coup, ils rognent donc sur tout car les prix qui ont cours à Monaco, si on fait exception de ceux pratiqués dans un hypermarché de centre-ville, sont plutôt adaptés à ceux qui ont les poches pleines…

Les retraités refusant de crier famine ont évidemment la possibilité de quitter Monaco pour aller s'installer ailleurs. Ils sont du reste de plus en plus nombreux à le faire. Mais inutile de rêver : le prix du mètre carré sur la Riviera est équivalent à celui de Paris et le niveau des loyers y est identique. Alors, avec une petite retraite, on ne va pas bien loin. Il ne fait décidément pas bon vieillir démuni sous le soleil du Grand Sud...

Chapitre 7

UN ÉTAT SCLÉROSÉ

Tableaux de mauvaise facture, bustes de personnalités locales donnant l'impression d'avoir été taillés par un étudiant des Beaux-Arts en première année, sièges fatigués… la salle d'attente du gouvernement donne un bon raccourci de ce qu'est l'administration monégasque. Je me souviens encore des longues minutes passées dans cette antichambre, à voir défiler des employés allant leur train de sénateur, en compagnie d'une attachée de presse qui m'emmenait ensuite dans les couloirs du ministère où la peinture crème n'a pas été refaite depuis les années 1960. En circulant, on passe devant de petites portes étroites débouchant sur de petits bureaux où sommeille la grandeur administrative monégasque. En prêtant un peu l'oreille, on y entendrait presque le bruit d'une machine à écrire… Généralement, mes visites au ministère d'État s'achevaient dans le bureau d'un conseiller de gouvernement donnant l'impression d'être dans le prolongement naturel de ces meubles, de cette atmosphère, le tuteur naturel d'une population de trois mille cinq cents fonctionnaires qui taillent leurs crayons en attendant que la nuit tombe. Ici, pas d'indicateur de productivité ni d'obligation de résultats. Les procédures sont interminables, notamment au service de l'urbanisme dont la lenteur est légendaire. « Dans le bureau des fonctionnaires de l'urbanisme, il n'y a que le bois qui travaille », m'a souvent assuré un promoteur immobilier.

Tout Monaco rit de son Administration. À commencer par ses politiques qui raillent l'absence de sens de la responsabilité des ronds-de-cuir. Je me souviendrai toujours d'une conversation avec Stéphane Valeri, à qui l'on avait dû refuser quelque chose et qui m'invitait à mener une enquête sur le « foutoir » administratif local. Je l'ai lancée avec délectation. Ça a été la dernière couverture que j'ai réalisée avant mon licenciement, un peu comme si l'appareil d'État, qui fait marcher les affaires d'Antonio Caroli, avait dit stop.

La déréliction des services de l'État n'est pourtant un secret pour personne. Quelques mois après son arrivée à Monaco, Jean-Paul Proust a annoncé son intention de moderniser cette mécanique dont la plupart des rouages se sont ovalisés. Un projet d'audit est parfois évoqué, puis repoussé, puis évoqué à nouveau comme une sorte de respiration périodique. Pour sa part, Jean-Luc Allavena m'avait indiqué son intention de faire signer aux fonctionnaires une charte professionnelle afin de mieux les boulonner à l'appareil d'État. Théoriquement, c'est en 2007 que cette rationalisation doit s'engager.

Parmi les principaux griefs que l'on dresse contre l'Administration, il y a d'abord son incapacité à engendrer une élite capable de prendre les problèmes du pays à bras-le-corps. La France n'a accordé à Monaco la possibilité de nommer des nationaux aux plus hautes responsabilités de l'État que depuis quelques semestres. Pour l'heure, on l'a vu, il n'y a pas grand monde à promouvoir. La principauté a bien mis en place une petite cellule, baptisée le « Vivier », pour assurer la formation et la promotion de ses élites administratives. Mais, en un an de présence dans la principauté, je n'ai jamais rencontré l'un des membres de cette structure qui, d'après les mauvaises langues, innombrables à Monaco, résonne comme un tambour, en creux.

Les hauts fonctionnaires avec lesquels j'ai eu l'occasion de traiter m'ont toujours reçu avec courtoisie mais en donnant le sentiment que mes questions les accablaient. C'est avec le département de la culture que l'on trouve le plus beau marécage. Tout s'y enlise. Je me souviens notamment d'avoir lancé un sujet sur la statuaire monégasque. Pour décorer ses lieux publics, Monaco demande à des artistes, parfois célèbres, de réaliser des œuvres qui sont ensuite installées un peu partout. L'idée était donc de sélectionner les plus belles et de raconter leur histoire. Après un mois de cheminement, la stagiaire qui traitait le sujet a dû y renoncer car le « chef » du service culturel, réputé plutôt vindicatif et mauvais coucheur, ne disposait même pas d'un inventaire les répertoriant. Cet exemple est symptomatique d'un univers qui donne le sentiment de ne pas mesurer les détails de son histoire collective. Rien n'est organisé, synthétisé. Tout flotte. Quel que soit le sujet, impossible d'obtenir des réponses précises, sauf à toucher directement le ministre qui, quand il ne peut pas répondre, ce qui arrive souvent, fait théoriquement rappeler par un de ses subalternes dont le coup de fil tarde à venir…

Difficile de trouver une continuité dans l'action de la fonction publique. La référence à Courteline est une tarte à la crème. Mais impossible de jauger les performances des fonctionnaires locaux sans y penser. Au quotidien, l'administration monégasque tourne en rond, alterne entre décisions et contre-décisions. Avant d'aboutir, les dossiers font l'objet d'un trajet byzantin entre trois à quatre services. Faute d'un échelon intermédiaire solide, il n'y a pas de vrai mécanisme de délégation. D'où ce tourbillon procédurier. Le pouvoir se concentre dans les bureaux des conseillers du gouvernement qui visent presque toutes les décisions. Normalement, cette méthode devrait garantir une certaine cohérence dans l'action publique. Pourtant, la ligne droite n'est pas de mise. La pensée nationale fait des courbes. Les projets, calés au départ, muent, se métamorphosent, selon l'avis des différents conseillers. Un des plus beaux exemples du genre est fourni par la construction d'une nouvelle école appelée La Cachette. A priori, rien de plus simple que d'édifier un bâtiment pour des écoliers. Et pourtant, cette école, inscrite dans les priorités nationales en 2004, a failli basculer dans le monde virtuel. Trois ans après la décision de la construire, le premier coup de pioche n'avait toujours pas été donné. Non pas du fait d'un problème budgétaire. Les retards, dont toute la ville se gausse, sont le fruit de l'incurie administrative. Faute de rigueur, la grande tare monégasque, les contours du projet ont évolué en cours de route, rendant impossible le démarrage des travaux. Au départ, il s'agissait de construire un bâtiment comprenant une école et une crèche. Puis, pour des raisons obscures, l'Éducation nationale s'est réveillée et elle a cassé le projet initial en demandant une séparation de corps entre l'école et la crèche, ce qui nécessitait non plus un mais deux bâtiments distincts. À ce changement de cap architectural, se sont ajoutés des problèmes géologiques. En sondant le sous-sol, les services de l'État sont tombés sur une citerne, non repérée, ce qui a donné lieu à de nouvelles études. Enfin, l'État s'est rendu compte que la construction de l'école allait provoquer l'abattage d'un olivier centenaire, qu'il a décidé de sauver. Si louable soit-elle, cette préoccupation écologique a encore retardé le lancement des opérations, provoquant la fureur des conseillers nationaux qui ont pesté contre l'inefficacité et l'imprévoyance des services administratifs. Les travaux ont finalement démarré en 2007 avec trois ans de retard.

Cet atermoiement de la fonction publique monégasque n'est qu'un exemple parmi d'autres. L'aménagement des parages du port de Monaco est un autre témoignage de cette indécision chronique. En 2005, les services du ministre d'État avaient prévu la construction de quatre mille mètres carrés de locaux commerciaux à proximité du port Hercule, le poumon maritime de Monaco. Quelque temps plus tard, ils se sont ravisés et ont décidé de doubler cette surface ! On est donc passé de quatre mille à huit mille mètres carrés, ce qui à l'échelle d'un territoire comme la France est peu de chose, mais qui, rapporté aux deux kilomètres carrés de Monaco, devient énorme, d'autant que le port est situé en plein centre-ville. Au final, cette volte-face a débouché sur une réflexion portant sur l'homogénéité architecturale de l'ensemble. Quand aboutira-t-elle ? Nul ne le sait. Un cabinet privé planche sur le sujet. L'Administration instruit le dossier. Quant aux quatre mille mètres carrés de locaux construits sur la base du projet initial, ils ont attendu un bon bout de temps avant d'être affectés.

Parfois, les contradictions spécifiques à l'administration monégasque sont compliquées par des divergences avec le palais. Avec la nomination de Jean-Luc Allavena au cabinet princier, toutes les décisions importantes du gouvernement étaient validées par cet échelon de décision. Des différends ont notamment retardé le lancement de l'appel d'offres portant sur le nouveau quartier maritime qui va être construit dans les parages du Larvotto. « Le gouvernement a été forcé d'amender la copie car son dossier était horriblement mal ficelé », raconte un proche de Stéphane Valeri. Pire : la décision finale de confier à des promoteurs privés le soin de construire une dalle dont ils rétrocéderont ensuite une portion à l'État monégasque aurait été prise faute de pouvoir opter pour un autre choix : la fonction publique est en effet incapable de superviser en direct un chantier dans lequel le royaume aurait pu – c'était une autre option – investir en fonds propres. D'où le champ libre laissé à des groupes immobiliers qui vont, en quelque sorte, confisquer une partie d'un territoire monégasque jailli des flots.

Hôpital, attention danger

La première pierre du nouvel hôpital de Monaco sera posée en 2008. Il était temps. Car avec ses cinq cent trois lits, le centre hospitalier Princesse-Grace (CHPG), lourdement déficitaire, est un lieu où les malades sont accueillis dans un environnement médicalement obsolète. L'État monégasque, qui a laissé faire durant des années, a présenté en 2006 aux parlementaires un rapport confidentiel dont les conclusions font froid dans le dos. Ce rapport ne dénonce pas le fait que certains praticiens employés par cette structure publique gagnent leur vie en effectuant presque exclusivement des consultations privées. Il ne fait pas non plus un point sur les mesures d'ostracisme qui ont pu concerner un praticien français pourchassé par des confrères monégasques qui sont, finalement, parvenus à lui faire quitter la principauté. Non, ce dont le rapport parle, c'est de l'État physique du CHPG. Un bâti que l'on pourrait transformer en décor de film d'horreur tant les dysfonctionnements y sont nombreux.

Pour camper le décor, le rapport commence par préciser que l'hôpital n'est pas aux normes antisismiques, pourtant obligatoires à Monaco, et que les bâtiments correspondent à « un patrimoine vieilli, disparate, non adapté aux exigences hospitalières modernes et sans capacité d'évolution (...), incompatible avec un axe d'excellence médicale ». En clair, le CHPG doit être démoli et totalement reconstruit, ce qui est désormais un point acquis. Le problème, c'est que d'ici 2011, les patients du CHPG continueront à être soignés dans un univers non conforme aux réglementations sanitaires. Certains problèmes mettant en danger la sécurité des patients ont dû être traités d'urgence. Le service de stérilisation des instruments qui traitait environ cinq mètres cubes d'appareillage par jour a notamment été épinglé par la DDASS française qui supervise l'hôpital monégasque. Pas assez propres, pas assez stériles, ont dit, en substance, les experts. De même, la blanchisserie, « non conforme et à l'outil de production très ancien », fera l'objet de travaux d'urgence en 2007. Mais certains points noirs demeurent. Ainsi, la médecine nucléaire, la spécialité médicale utilisant des radioéléments pour irradier des tumeurs, est déclarée « non conforme ». Tout comme le service d'anatomie pathologique (Anapath), l'endroit où les médecins analysent les prélèvements d'organes et de tissus réalisés par les cliniciens. Toujours sur le même registre, les blocs opératoires, le cœur de la machine hospitalière, sont jugés sans « conformité fonctionnelle », tandis que les salles de réveil où sont placés les patients après une intervention chirurgicale ne disposent pas du nombre de mètres carrés suffisants par patient. La cuisine de l'établissement, rénovée d'urgence pour faire bonne mesure, a été cataloguée « non conforme à 100 % » et la circulation des marchandises à l'intérieur du CHPG est jugée insatisfaisante. Enfin, toute l'organisation spatiale de l'établissement, depuis son éclatement fonctionnel jusqu'au manque de liaison avec les plateaux techniques, est pointée du doigt. Cette somme de problèmes peut-elle occasionner un risque pour la santé des patients ? Apparemment non si on s'en réfère à Thierry Picco, directeur général du département des affaires sociales et de la santé. Quand je lui ai posé la question, cet homme plutôt souriant a botté en touche : « Le CHPG, m'a-t-il assuré, ne présente aucun risque pour ses patients. » La non-conformité des différents services ? « Il n'existe pas d'établissement hospitalier totalement conforme aux normes techniques et qualitatives en vigueur. » La résistance du CHPG en cas de séisme ? « Les différents bâtiments du centre sont aux normes antisismiques en vigueur au moment de leur construction comme tous les édifices, qu'ils soient publics ou privés. » Les programmes de rénovation des blocs opératoires, de la stérilisation centrale et de la blanchisserie ? « Ces différentes opérations seront achevées en 2008. » Et d'ici là ?

D'ici là, tout va très bien, madame la marquise…

Français sur le départ

L'État monégasque ne sait pas gérer sa démographie. Pas celle des nationaux, qui confisquent toutes les aides sociales et qui doivent rester en petit nombre pour que le déficit budgétaire de la principauté (145 millions d'euros en 2006) n'explose pas. Mais celle des Français que le gouvernement princier, pourtant dirigé par un ancien préfet de Paris, ne sait ou ne souhaite pas retenir. Résultat, les « tricolores » sont une espèce en voie de disparition sur le Rocher. Il y a, évidemment, les paillettes et le strass. Des stars françaises se montrent encore à Monaco. Vincent Cassel et Monica Bellucci s'y sont mariés tout comme Jacky Ickx et Merlene Ottey (une athlète de haut niveau). De même, Patrick Bruel vient régulièrement au casino pour participer à des tournois de poker, alors que PPDA, décoré de l'ordre de Saint-Charles, passe souvent des week-ends en principauté comme d'anciens de l'AS Monaco tels Emmanuel Petit et David Trézéguet. L'ami des familles princières, Stéphane Bern, use aussi le cuir de ses mocassins sur les trottoirs monégasques. Enfin, il n'est pas rare de croiser David Hallyday dans une pizzeria du boulevard d'Italie en compagnie d'Alexandra Pastor, la fille du magnat de l'immobilier, qu'il a épousée. Tout ce petit monde laisse à penser que la France, qui a longtemps dirigé le petit univers monégasque, y est encore bien représentée. Mais, si la scène est encombrée par quelques stars, les coulisses se dépeuplent. Entre 1974 et 2006, la communauté française est passée de treize mille à huit mille membres, soit une chute de 40 %.

Cet exode est engendré par un facteur clé : la fiscalité. En effet, à la différence des autres ressortissants étrangers, les Français installés en principauté après 1957 sont assujettis à l'impôt sur le revenu des personnes physiques (IRPP) et à l'impôt sur la fortune (ISF) au grand dam de Christophe Frassa, le longiligne secrétaire général de l'Union des Français de l'étranger qui a entamé une procédure judiciaire pour invalider cette imposition. Mais pour l'heure, les Français de Monaco paient plein pot et les plus fortunés sont tentés de partir s'installer dans d'autres paradis où le fisc, qui a une antenne au sein même de la principauté, est moins présent.

L'autre grande raison du départ des Français, déjà pressurés par l'impôt, est qu'ils doivent, de plus, affronter une charge locative importante. Contrairement aux idées reçues, la majorité des « tricolores » de Monaco ne sont pas riches. On estime à environ deux cents les Français de la principauté assujettis à l'ISF. Soit peu de monde rapporté aux huit mille rescapés que compte encore la colonie. La plupart de ces « enfants du pays » forment le *Lumpenproletariat* local : commerçants, employés, contractuels, retraités, etc. Beaucoup d'entre eux sont nés à Monaco de familles installées là depuis des lustres. Faute de pouvoir s'acheter un logement, faute de pouvoir louer un appartement sur le marché libre où les loyers atteignent des niveaux exorbitants, la plupart sont logés dans le secteur protégé. Mais le nombre d'appartements disponibles est limité et les propriétaires peuvent, s'ils le souhaitent, récupérer rapidement leurs biens, plaçant ainsi pas mal de monde sur une catapulte. Ce qu'il y a d'aberrant, c'est que l'État monégasque ne fasse rien ou si peu de chose pour améliorer le sort de ses « enfants ». Lesquels ne disposent d'aucun statut spécifique. La vraie solution consisterait à mettre en place un secteur d'habitation intermédiaire destiné à cette population. « Nous n'avons pas vocation à loger les enfants du pays dans des immeubles domaniaux réservés aux Monégasques et l'État n'a pas les moyens de construire des logements spécifiques pour cette catégorie sociale », fait-on savoir dans l'entourage du prince. En clair, l'État monégasque ne veut pas mettre la main au porte-monnaie et fait comme Judas : il observe. Pire : plutôt que de prendre le problème immobilier à la racine, il a botté en touche du côté du fisc français. Des discussions sont actuellement en cours avec Bercy pour alléger, sous des formes qui restent encore à définir, le fardeau fiscal pesant sur les épaules françaises. Elles pourraient aboutir en 2007. Si c'est le cas, c'est donc la France qui financera le maintien à domicile de ses ressortissants, sans l'apport des Monégasques ! Un comble. Reste qu'il n'est pas sûr que Paris, pour des raisons idéologiques, accepte de faire des concessions. « Vous savez, pour nous, l'essentiel est que les entreprises françaises, dont les banques, soient présentes à Monaco, indique-t-on dans les parages de Bercy. Le nombre de nos ressortissants vivant sur place est un facteur secondaire. » C'est la raison pour laquelle les enfants du pays sont peu à peu remplacés par d'autres nationalités comme les Britanniques et que la démographie monégasque évolue sans que les plus hautes autorités de l'État donnent l'impression de s'en soucier, ce qui est un signe d'imprévoyance puisque, une fois les Français partis, ce sont la plupart des petits commerces, et donc la vie locale, qui disparaîtront avec eux sans que personne les remplace.

Justice, justice

La justice monégasque est un petit Vésuve. Les relations qui prévalent au palais de justice, ce petit bâtiment aux murs gris situé sur le Rocher, sont exécrables. Tout le monde se flingue à vue. Certains magistrats du siège qui s'estiment « harcelés » sont en bisbille avec le parquet, à savoir les services que dirige l'énergique Annie Brunet-Fuster, française, une ancienne avocate, promue procureur général de Monaco en 2006. Celle que l'on appelait « le chat noir » quand elle traitait les questions de grand banditisme au tribunal d'Aix veut des résultats. Et elle en demande beaucoup. Ses relations avec la direction des services judiciaires monégasques, confiée à Philippe Narmino, sont réputées cycliques, voire orageuses. Narmino quant à lui s'est, dit-on, attiré la vindicte de plusieurs avocats qui jugent sa capacité à gérer les conflits limitée. En privé, d'aucuns, pourtant Monégasques comme lui, en arrivent à regretter que ce ne soit pas un Français qui tienne cette direction !

Mais le vrai problème de la justice du prince, c'est qu'elle a quelques wagons de retard en matière législative. « Les choses suivent leur cours, il ne faut pas être pressé si l'on veut disposer de textes juridiques bien construits », m'a indiqué Jean-Paul Proust. En attendant, les lacunes monégasques sont presque aussi larges que l'espace qui sépare les rives de l'Atlantique. Droit de la concurrence bourré de trous, droit de la consommation inconnu, droits des affaires et de l'assurance emplis de toiles d'araignée, la marche sera longue pour dépoussiérer la justice du prince. Sous la pression du Conseil de l'Europe, Monaco va devoir rapidement se doter d'un Code de procédure pénale. Il réglementera notamment la garde à vue dont les modalités sont, pour l'heure, discrétionnaires. Ainsi, quelqu'un interpellé à Monaco peut théoriquement rester au poste de police sans limitation de durée ! Par ailleurs, Monaco va refondre son Code et y adjoindre les incriminations pénales manquantes. Et qui sait, outre la prise illégale d'intérêts et le trafic d'influence, l'abus de biens sociaux (ABS) pourrait bientôt être sanctionné. Pour l'instant, cet ABS, qui, dans la plupart des cas, concerne les biens – mobiliers et immobiliers, corporels et incorporels – n'est pas puni. Gag : alors que Monaco veut donner à la communauté financière des signes indéfectibles de sa moralisation financière, les patrons indélicats peuvent faire des trous dans la caisse sans encourir grand-chose. Toujours au niveau des textes, le dispositif anti-blanchiment a été récemment durci sur la suggestion du Conseil de l'Europe et du FMI. Jusqu'à présent, le dispositif moné-gasque péchait notamment du fait d'une liste d'infrac-tions trop étroite. Cette liste ne comprenait par exemple ni l'abus de confiance ni l'escroquerie. Du coup, les chefs d'inculpation étaient parfois requalifiés. La refonte des délits listés permettra de faire tomber plus de monde pour blanchiment.

De même, à la suite des recommandations de Moneyval, un sous-comité du comité européen pour les problèmes criminels, chargé de traquer l'argent sale, la principauté devait supprimer le lien qu'elle a établi entre blanchiment et crime organisé. Ce lien est trop exclusif. Faute de pouvoir prouver l'origine purement mafieuse des fonds qu'ils tripatouillaient, certains inculpés ont vu leur affaire classée. Le comble du paradoxe. Ainsi, M. B., russe, ancien résident monégasque, qui avait placé environ 30 millions de dollars dans les coffres d'une banque de la principauté, a finalement été relâché car il était impossible de prouver que cet argent avait une origine mafieuse. Bien que l'homme soit de mèche avec une banque nord-américaine impliquée dans plusieurs scandales retentissants, rien n'y a fait. À terme, la suppression du lien entre mafia et argent sale permettra de traquer tous les fonds louches même s'ils ne sortent pas directement de la caisse des triades chinoises !

Ingérences

Le procès Hobbs-Melville, la plus grande escroquerie des annales monégasques, a permis de pointer du doigt le cafouillage de la justice monégasque et son incapacité à mettre l'État devant ses éventuelles responsabilités. Sans entrer dans le détail de cette affaire, il faut retenir qu'un financier américain, William Fogwell, et Shelley, sa fille, ont monté une escroquerie qui leur a permis de détourner 175 millions d'euros au détriment de quatre cent cinquante épargnants fortunés. L'affaire a été jugée en 2006 à Monaco dans la salle principale du tribunal au sein de laquelle trône une croix gigantesque.

Le mécanisme de l'escroquerie était bien rodé : promettant à ses clients des rendements financiers canon de l'ordre de 60 %, Fogwell encaissait des millions d'euros « à placer ». Des centaines de gogos ont suivi.

Remis au pot. Selon l'escroc, les sommes qui lui ont été confiées se seraient, au final, entièrement volatilisées lors d'un krach boursier, ce revers le mettant sur la paille, tout comme sa fille. Cette version n'a convaincu ni les parties civiles ni le parquet monégasque.

Ce qu'il y a de frappant dans cette affaire, c'est l'incroyable amateurisme avec lequel le procès a été conduit. Quelques jours après le début des audiences, le juge a été récusé par les parties civiles au motif qu'il avait participé à l'instruction ! La découverte, de nature à entacher son « impartialité objective », a provoqué son éviction. Manifestement, le palais de justice avait oublié le principe élémentaire selon lequel instruction et procès doivent être distincts.

Autre fait invraisemblable du procès : durant des années, Fogwell a opéré à partir de Monaco où il avait pignon sur rue. C'est là qu'il attirait le chaland, qu'il recevait les fonds, qu'il organisait son trafic... La question est donc de savoir si, en le laissant faire alors qu'elles avaient toutes les raisons de l'arrêter, les autorités de contrôle monégasques n'ont pas manqué de discernement. Si la responsabilité de l'État princier est engagée, ce constat pourrait être nuisible à l'image de place financière policée que la principauté veut offrir à la face du monde.

Afin d'obtenir des éléments de réponse, les parties civiles ont voulu entendre Franck Biancheri, conseiller aux Finances lorsque les faits se sont déroulés. C'était oublier le côté bananier de Monaco. Jean-Paul Proust, au mépris de la séparation des pouvoirs, a envoyé au nouveau juge un courrier, refusant que Biancheri soit auditionné par la justice ! De la même façon, il aurait interdit à neuf autres responsables de la haute administration monégasque de se rendre à l'audience. Mieux : Proust a désigné son propre témoin en missionnant Henri Fissore, un ancien conseiller aux Finances, pour s'exprimer devant la cour au nom du gouvernement. Pour la petite histoire, on retiendra que, afin de se couvrir, celui-ci a refusé de prêter serment avant de témoigner !

Une situation sobrement dénoncée par le procureur Annie Brunet-Fuster, qui déclarait : « Je considère que les témoins auraient dû venir devant ce tribunal pour dire qu'ils n'avaient rien à dire. » C'est bien la moindre des choses.

Dernier fait incroyable : durant toute l'audience, le directeur des services judiciaires est resté pour voir comment les choses tournaient, ce qui, en France, équivaudrait à voir le garde des Sceaux, ministre de la Justice, assister à un procès sensible pour la République.

Ce canular judiciaire pourrait connaître une suite, les parties civiles ayant assigné l'État monégasque en responsabilité afin d'obtenir l'indemnisation des victimes…

Retards

Les rapporteurs de la commission de suivi, chargés de vérifier si Monaco respecte les engagements allant de pair avec son entrée au Conseil de l'Europe, sont bien disposés. En 2005, lors de sa venue en principauté, Leonid Sloutsky, un des deux commissaires, roulait des mécaniques et annonçait : « Monaco devra tenir ses engagements. Un seul d'entre eux pourra être reporté en 2006 mais pas davantage. Il va falloir conclure, soit noir, soit blanc, soit positivement, soit négativement. » Depuis, Leonid Sloutsky, que l'on dit proche de Stéphane Valeri, et Pedro Agramunt, son collègue espagnol, ont mis de l'eau dans leur vin. Ils sont devenus tout mous. Monaco a reporté plusieurs de ses engagements sans que l'ire des commissaires se déclenche. Au printemps 2007, l'assemblée parlementaire de l'Europe va évaluer les progrès monégasques. Mais, sauf rebondissement, les retards accumulés ne devraient pas déboucher sur de réelles remontrances. Pourquoi une telle mansuétude après avoir affiché initialement tant de sévérité ? Difficile de le savoir, mais les Monégasques boivent du petit-lait.

Pour faire patienter les commissaires, Monaco a voté in extremis une loi sur la motivation des actes administratifs. Avant cette date, la fonction publique locale prenait ses décisions sans avoir à les justifier ! Ainsi, quelqu'un demandant les autorisations nécessaires à l'ouverture d'un magasin pouvait, par exemple, se voir notifier une énigmatique fin de non-recevoir non motivée. Ce qui, dans les faits, permettait de favoriser les Monégasques et de discriminer les autres sans avoir à se justifier. Dorénavant, l'État doit préciser pourquoi les décisions sont prises, qu'il s'agisse du refus de délivrance d'un permis de travail ou d'un refus d'agrément d'activités économiques.

Hormis ce texte, Monaco tarde à se mettre au diapason européen ; par exemple, en ce qui concerne la liberté d'association, réservée aux seuls Monégasques. À la demande du Conseil de l'Europe, cette liberté d'association devrait être étendue à tout le monde dès 2007. Par ailleurs, la loi prévoit un contrôle des subventions versées au monde associatif dès lors qu'elles dépassent 150 000 euros, et la mise en concurrence des fournisseurs lorsque les marchés excèdent environ 15 000 euros.

Mettre un peu d'ordre dans le monde associatif est une bonne chose, surtout quand des subventions sont versées. Il y a quelques années, une enquête a été menée afin de savoir ce que devenaient les 10 millions d'euros versés annuellement à l'Automobile Club de Monaco (ACM). Les conclusions, sévères, de cet audit ont été transmises au palais qui, contre toute attente, a préféré classer l'affaire, ce qui a scandalisé pas mal de conseillers nationaux, étonnés que l'on puisse ainsi jongler avec des fonds publics. Mais Monaco pardonne tout. Le président de l'ACM a même été récemment nommé au conseil de la couronne, une sorte de conseil des sages.

Le contrôle des « grosses subventions », qui concerne une dizaine de structures dont l'orchestre philharmonique de Monaco, ne réglera pas le problème de la mitraille de petites associations monégasques. Surfant sur la vague du *charity business*, la principauté compte près de quatre cent cinquante œuvres dont certaines, bidon, ont été uniquement constituées pour que leurs membres puissent approcher la famille princière, très engagée dans l'humanitaire. Lors d'un déjeuner de presse, Christiane Stahl, alors responsable de la communication du cabinet princier, m'avait laissé entendre qu'elle allait rationaliser le secteur associatif, une balayette à la main. Depuis, ce dossier est resté en plan.

Autre point sur lequel Strasbourg attendait Monaco : la ratification du protocole de la Convention européenne des droits de l'homme. Ce n'est un secret pour personne que Monaco regimbe, par exemple, à signer le protocole n° 12 qui interdit toute forme de discrimination. Pour Monaco, ratifier ce protocole équivaudrait à offrir une égalité de fait aux « métèques » et donc à ouvrir le robinet des aides sociales, réservées aux Monégasques. Du coup, toute la politique de préférence nationale que les conseillers nationaux défendent bec et ongles serait remise en cause, perspective inacceptable pour la caste locale. D'autres États ont refusé de ratifier ce protocole sans que cela remette en cause leur adhésion au Conseil de l'Europe. Les Monégasques, pour qui la xénophobie sociale est une seconde nature, feront de même.

Dernier chapitre en instance : la ratification de certains articles de la charte sociale européenne souvent évoquée, toujours différée. À cet égard, il est assez étonnant de relever que le choix des articles qui, *in fine*, seront ratifiés a été arrêté en concertation entre le gouvernement et le palais sans que les syndicats soient seulement consultés. Ce qui prouve que Monaco écrit encore son histoire sociale à la baïonnette.

Chapitre 8

SORTIR DU MOYEN ÂGE

Monaco est une société féodale. Au sommet de l'échelle, on trouve le prince Albert, attaché à préserver les privilèges dont jouit la famille Grimaldi. Et à la base, huit mille Monégasques, bardés d'avantages, pensionnés par l'État, politiquement amorphes, et qui en demandent toujours plus. Ce système de gouvernance a trouvé sa pleine mesure sous le règne du prince Rainier. Il a débouché sur une société bloquée : les Monégasques ronronnent de bien-être, leurs parlementaires négocient des privilèges supplémentaires et le palais domine l'ensemble avec la certitude d'être là pour l'éternité.

Réputé libéral, Monaco est pourtant tout l'inverse d'une société de compétition. L'assistanat y est élevé au rang de morale d'État. Les Monégasques naissent avec

un hochet d'or dans la bouche et ils apprennent en gran-
dissant la servilité économique, ce qui leur ôte toute
velléité de révolte. Pendant l'année que j'ai passée dans la
principauté, j'ai été frappé par la dévotion que les nationaux entretiennent vis-à-vis de leur système politique.
Aucun d'eux ne veut prendre le risque de casser le
biberon. Pas un ne m'a dit qu'il militait pour une démocratie parlementaire. Lors de l'adhésion de Monaco au
Conseil de l'Europe, Strasbourg a pourtant clairement
poussé la principauté dans cette direction afin
d'augmenter l'assise démocratique du pays. Cette préco-
nisation restera lettre morte. Face aux parlementaires, le
prince Albert II a indiqué qu'il voulait préserver la
« spécificité monégasque », c'est-à-dire continuer à jouir
de l'ensemble de ses prérogatives. Et il a fermé la porte à
l'évolution constitutionnelle de son royaume. Paradoxalement, les députés qui, pour certains, réclament en privé
des pouvoirs étendus, ont fait le gros dos. Baissé
pavillon. Applaudi le souverain. Même l'actuel président
du Conseil national qui, il n'y a pas si longtemps, reven-
diquait davantage d'autonomie, est rentré dans le rang.
Pas une tête ne dépasse. Même les esprits réputés libres
de Monaco, comme celui de Bernard Vatrican qui prône
la disparition des privilèges économiques, se refusent à
scier les pieds du trône. « Pour sauver notre régime,
affirme ce dernier, il faut refuser toute évolution vers le
parlementarisme, ce vers quoi nous pousse le Conseil de

l'Europe, parce que à terme nous basculerions vers la "démocratie princière" et ce serait la fin de Monaco. » Même point de vue du côté de Claude Boisson, ancien numéro deux du Conseil national, humaniste, assez intègre pour avoir démissionné de l'institution à l'automne 2006 afin de protester contre d'éventuelles acrobaties comptables au sein du Conseil national : « Je suis autant défavorable à une monarchie parlementaire que je le serais à une monarchie absolue (...), m'explique-t-il. L'équilibre de nos institutions et l'attachement de toute une famille à son prince sont les principales causes de notre stabilité politique et de notre prospérité économique et sociale. » Cet attachement au pouvoir d'un seul, également défendu par Jean-Paul Proust, et par l'homme de la rue, que l'État habille de pied en cap, repose certainement sur des convictions sincères. Mais il s'appuie sur l'instinct de conservation.

Monaco n'est pas une tyrannie mais le pouvoir du prince y est sans limites. Sur le Rocher, la dissidence est mal vue. Dès que l'on arrive dans la principauté, « on » vous prévient que le prince est l'alpha et l'oméga de la démocratie, l'incarnation du Verbe. Avec ses deux *sisters*, Caroline et Stéphanie, il est intouchable. Personne n'ose le critiquer. Ni même l'interpeller. Trop dangereux. Albert II vit entouré d'hagiographes. Dans cette société moyenâgeuse, celui qui faillit à la dévotion princière n'a plus d'avenir. Il est socialement mort. Pour vivre, il faut être servile, c'est la règle du parc humain monégasque.

Cette impossibilité de critiquer la maison Grimaldi et ce qu'elle représente n'est pas limitée au territoire de la principauté. Les princes de Monaco ont le bras long et la rancune homicide. Ils n'hésitent pas à trancher les jarrets de ceux qui les brocardent. Il y a une vingtaine d'années, le présentateur du journal télévisé d'Antenne 2, Bernard Langlois, était licencié pour avoir rendu compte du décès de la princesse Grace de façon irrévérencieuse. À la mi-journée, j'étais devant mon poste de télé et je me souviens encore l'avoir entendu évoquer un décès inter-venu dans un « royaume d'opérette ». Ce qualificatif – les Grimaldi y ont veillé – lui a valu une disgrâce défi-nitive. Un quart de siècle plus tard, rebelote. Alors que le prince Rainier s'éteint au centre cardiothoracique de Monaco, Guy Carlier commente l'événement avec des mots qui fâchent dans le cadre de l'émission « On ne peut pas plaire à tout le monde ». France 3 reçoit aussitôt un courrier du palais princier faisant état de « l'indigna-tion générale » qu'ont soulevée les propos de l'humoriste tandis que Canal + et ses Guignols de l'info, également acerbes, sont aussi visés par cette mauvaise humeur d'outre-tombe. Quelques mois avant d'être remercié, Jean-Luc Allavena me confiait qu'énervé par un papier critique publié par un grand hebdomadaire français de gauche, il avait passé un coup de fil à l'auteur de l'article pour lui signifier sa désapprobation.

L'image du prince n'est pas simplement défendue à Monaco, mais aussi à l'étranger où aucune ombre ne peut être portée impunément sur le palais. Les Grimaldi veillent à ce que rien n'obscurcisse le halo de leur particule et la légitimité ancestrale de leur pouvoir. Sur le registre de l'image, Caroline et Stéphanie sont de véritables chiennes de garde. Une batterie de juristes, à commencer par Thierry Lacoste, l'avocat parisien de la famille princière, pourchassent impitoyablement les journaux publiant des photos pirates, ce qui, pour la petite histoire, rapporte plusieurs centaines de milliers d'euros par an aux deux sœurs d'Albert II.

Le pouvoir sans partage que les Grimaldi exercent sur Monaco est-il dangereux ? Non, s'il est détenu par un monarque éclairé, oui si ce n'est pas le cas. Que penser d'Albert II ? Rien de plus ne peut être dit que ce que tout le monde sait déjà : il est sympathique, débonnaire, marqué par une enfance passée sous le boisseau, peu diplômé et plus intéressé par le sport et l'écologie que par le pouvoir. « Regardez cet homme et parlez-lui, insiste l'héritier d'une des plus grandes familles monégasques. Vous comprendrez immédiatement qu'il n'a pas la jouissance de la fonction. Le pouvoir l'embête. Il ne rêve que de football et de parties fines. C'est un problème pour le royaume. »

Au début, l'enthousiasme a prévalu. En prenant le pouvoir, Albert II a hérité d'une société féodale qu'il s'était engagé à débloquer en prononçant un discours rédigé par plusieurs conseillers, dont son avocat parisien. Mais, après plus d'un an de règne, force est de constater qu'il a la mémoire sélective. La société modèle promise par le souverain ne sort pas de terre. La plupart des synthèses parues en novembre 2006 afin de commémorer son intronisation sont arrivées à la même conclusion. Hormis l'aboutissement du projet d'extension sur la mer, engagé sous Rainier, rien de décisif ne s'est produit. Aucun signe tangible de passage à la modernité n'a été envoyé. Le royaume sent toujours le renfermé. La faute à qui ? Au prince, bien sûr, puisqu'il a tous les pouvoirs requis pour remodeler le pays, mais manque de suite dans les idées. Au cabinet princier, dont le caractère progressiste ne saute pas aux yeux. Au gouvernement, peuplé de falots et dont l'ambition se résume à la gestion des affaires courantes.

Lorsque l'on met ces différents facteurs bout à bout, on obtient une chaîne de décision aux maillons distendus. Théoriquement, le royaume ne parle que par la voix du prince Albert II et se conforme à ses préconisations. Dans les faits, les directives émanant du cabinet princier sont largement interprétées. Les dossiers en provenance du Rocher font déjà l'objet d'un suivi pointilliste. Ils évoluent selon le caprice des différents services de l'État qui, pour certains, donnent le sentiment de fonctionner en autarcie, de manière tumorale. Des directives sont bloquées par la mauvaise volonté de ceux qui, en les appliquant, craignent de voir leur pouvoir diminuer. Resté en poste un peu plus d'un an, Jean-Luc Allavena, l'ex-directeur du cabinet princier, réputé pour son caractère difficile, a donné le sentiment de mettre en place une superstructure destinée à lui survivre. Mais beaucoup refusent d'entrer dans ce carcan. La résistance s'est organisée. Les caciques de l'ancien régime font contre-poids. La machine cafouille... Difficile, dans ces conditions, de sortir Monaco du Moyen Âge. Comment réformer de fond en comble un appareil d'État sclérosé ? Comment mettre les fonctionnaires au travail ou au pas ? Comment imposer la rationalité dans les affaires d'État ?

Au prince de mettre fin à cette cacophonie. C'est lui le parangon du régime monégasque. Il doit assumer toutes les facettes de l'emploi, pas seulement ses paillettes. À lui de montrer à son peuple qu'il sait où il se dirige. Qu'il ouvre la voie autant que les banquets. Qu'il prenne les problèmes à bras-le-corps, un par un, et ne passe au suivant qu'avec la certitude d'avoir réglé le premier. Des directives ! De la méthode ! C'est à ce prix que Monaco, l'indécis, le versatile, sortira du Moyen Âge.

La modernité, c'est aussi le respect des règles de droit. Aussi, le prince doit-il se montrer impitoyable

envers ses sujets qui ont tutoyé les frontières de la légalité. Sous Rainier, Monaco était une société où l'on
pouvait s'enrichir en s'affranchissant des règles de droit,
par ailleurs peu nombreuses. Le « boss », ainsi que l'on
surnommait Rainier, a fini couché sous une montagne
d'or. Ses courtisans aussi. Tout le monde entendait
parler d'« affaires » ne donnant lieu à aucune sanction.
Depuis, la règle du jeu a changé, semble-t-il, mais
certains rescapés de cette ère de compromis exercent
toujours des responsabilités nationales. Il appartient au
prince de les sortir de la vie publique dès lors qu'une
faute lourde est révélée. Pas tant pour punir un homme
que pour faire un exemple et démontrer que ces mœurs
moyenâgeuses n'ont plus cours. Mais à Monaco, les
opérations mains propres ne vont pas toujours à leur
terme. Le poids du passé, la complicité des vieilles
familles, les dossiers que les uns détiennent sur les autres
contrecarrent une moralité radicale. J'ai vu plusieurs
personnalités impliquées dans des affaires délicates passer
entre les gouttes sans se mouiller vraiment. « Que
voulez-vous, ces gens ont agi à une époque où tout était
permis ou presque. Il ne faut pas les punir rétroactive-
ment », m'explique un conseiller national. Peut-être.
Mais, affaire de symboles, ils peuvent tout au moins être
écartés des affaires publiques. Monaco compte de grands
placards dorés où loger pas mal de monde. Autant les
remplir et installer des hommes propres au pouvoir.

Une volonté qui impose de la cohérence et de la rigueur, voilà de quoi le royaume a besoin pour s'extirper du passé. La principauté doit se rassembler, s'assécher. Car, pour l'heure, elle synthétise tout ce qu'un pays peut produire en matière d'égoïsme. C'est le bilan de mon année en principauté : Monaco est une somme d'individus, souvent sympathiques, mais sans valeur collective. Le pouvoir des clans supplante la livrée unitaire du pays, son drapeau rouge et blanc. Hormis l'argent, il n'y a pas de destin national. Aucun des politiques locaux ne se soucie de tirer les Monégasques de l'infantilisation dans laquelle l'aide économique que leur apporte l'État les a plongés. La caste locale ne se préoccupe que d'intendance. Elle ne demande pas de mouvements d'idées mais des mouvements d'espèces. Les élections législatives qui se profilent en 2008 provoquent un déchaînement de haine. Les politiques ne proposent rien de nouveau. Quand j'ai quitté la principauté, l'opposition ultraconservatrice monégasque n'avait pas de programme de gouvernement alternatif à proposer. Elle se contentait de critiquer le populisme du pouvoir en place, comme s'il suffisait de dire non pour mériter le oui des électeurs. Pour sa part, la majorité promettait seulement d'améliorer le quotidien. Une belle ambition ! L'ensemble de la société monégasque est comme frappée de nanisme identitaire. On n'y parle que de détails, jamais de destin commun. Le favoritisme prévaut. Les lobbies se partagent le pouvoir et l'argent. Banquiers, promoteurs et industriels sont la véritable trinité de ce pays concordataire. L'euro, sa valeur ultime. L'argent remonte de la base vers les marches du palais où l'on fait tout pour préserver la prospérité économique. Quitte à faire une croix sur le reste. Or, le pays ne pourra sortir de la féodalité qu'en faisant évoluer l'ensemble de ses structures économiques et sociales vers les standards européens. Initialement volontaire, le prince s'est finalement révélé bien tiède dans l'amélioration de relations sociales qui, sous le règne de son père, étaient restées bloquées durant vingt-cinq ans. Les élites monégasques vivent toujours en cravachant des salariés français et italiens qui, trop heureux d'avoir du travail, se contentent de se frotter les flancs quand ils sont endoloris. Cette population qui arrive en principauté le matin et en repart le soir finira sûrement par bénéficier, un jour, d'une protection sociale digne de ce nom. Mais, pour le moment, tous les arbitrages sont rendus en faveur des chefs d'entreprise. Les salariés sont des pièces de Meccano que l'on peut employer durant des années en intérim, en CDD, et qui sont jetables du jour au lendemain sans motif. Aussi longtemps que Monaco se contentera d'un tel système, aussi longtemps la principauté donnera le sentiment d'être l'élément de décor d'un roman de Zola, une enclave où un patronat de droit divin règne aux côtés du prince.

La féodalité monégasque, c'est aussi la place que la société réserve aux femmes. Si le Parlement monégasque en compte quelques-unes, aucune n'a encore accédé à la dignité de conseiller de gouvernement, c'est-à-dire de ministre. Christiane Stahl est le seul élément féminin du cabinet princier. Là aussi, Monaco doit évoluer vers davantage de parité, dans la perspective ouverte par la plupart des pays européens, pour terminer sa mue.

Impossible également de sortir de la féodalité tant qu'une harmonie entre les différentes catégories de population vivant en principauté n'aura pas été trouvée. Pour l'instant, la caste des Monégasques vit en symbiose avec celle des résidents fortunés. La ville leur appartient. Les autres, les pauvres, n'ont que le droit de travailler et celui de se taire. Ainsi, il est aberrant que les « enfants du pays », ces Français ou ces Italiens implantés à Monaco depuis des lustres sans détenir la nationalité monégasque, ne disposent d'aucun droit, d'aucun statut évolutif. Qu'ils disparaissent peu à peu de Monaco où leurs familles sont parfois implantées depuis plus longtemps que celle de certains Monégasques « de sang ». Qu'ils n'obtiennent pas leur naturalisation automatique au bout d'un certain nombre de générations. Au prince d'intervenir. Se soucier du Malawi est bien. S'occuper de la population de son propre royaume l'est tout autant. Les enfants du pays doivent être intégrés dans un projet collectif auquel ils appartiennent depuis des générations.

C'est à ces conditions, en les adoubant, que les Monégasques cesseront d'être une tribu xénophobe pour
devenir un peuple, généreux, fraternel, sorti de l'ère de la
féodalité pour entrer dans celle de la modernité ainsi que
le promettait le prince Albert II en enfilant les habits du
pouvoir, le 12 juillet 2005.

Table des matières

Ce volume a été composé par Facompo

www.ingramcontent.com/pod-product-compliance
Lightning Source LLC
Chambersburg PA
CBHW070426270326
41926CB00014B/2963